Kursbuch 192
Frauen II

ClimatePartner °
klimaneutral

Druck | ID 11244-1711-1001

Das Kursbuch erscheint viermal im Jahr.
Das Heft kostet einzeln € 19,–
Das Jahresabo (4 Ausgaben) kostet € 60,–
Im Internet: https://kursbuch.online

Kursbuch Kulturstiftung gGmbH
Miramar-Haus, Schopenstehl 15, 20095 Hamburg
Tel.: 0 40/39 80 83-0
V.i.S.d.P.: Peter Felixberger
© 2017 Kursbuch Kulturstiftung gGmbH, Hamburg

ISBN 978-3-96196-000-2
ISSN 0023-5652

Herstellung und Gestaltung: Murmann Publishers GmbH, Hamburg
Druck: Steinmeier GmbH & Co. KG, Deiningen
Printed in Germany

Zuschriften bitte per Mail an: kursbuch@kursbuch.online
Abonnenten-Service: abonnements@kursbuch.online
Pressevertrieb: PressUp GmbH, Wandsbeker Allee 1, 22041 Hamburg. www.pressup.de

Armin Nassehi
Editorial

Es ist dies das 145. *Kursbuch* seit dem *Kursbuch 47* mit dem Titel *Frauen*, das 1977 erschienen ist. Ob die damaligen Autorinnen – es waren tatsächlich ausschließlich Autorinnen – damals gedacht haben, dass es nach 40 Jahren erneut ein Frauen-*Kursbuch* geben würde? Wir wissen es nicht, haben uns die Frage aber selbst gestellt. Ein Frauen-*Kursbuch* in einer Zeit, in der Rechtsnormen wenigstens in unseren Breiten geschlechtsblind geworden sind? Ein Frauen-*Kursbuch* in einer Zeit, in der sich die Semantik der Geschlechter im Vergleich zu 1977, von 1967 oder 1957 ganz zu schweigen, radikal geändert hat? Ein Frauen-*Kursbuch* in einer Zeit, in der die Rede von »der Frau« längst dekonstruiert ist, feministisch, epistemologisch, empirisch? Ein Frauen-*Kursbuch* angesichts einer jungen Generation von Frauen, deren Selbstbewusstsein als Frauen mit dem früherer Generationen kaum vergleichbar ist? Radikaler formuliert: Lohnt sich ein Frauen-*Kursbuch* überhaupt?

Wir drucken einen der Texte aus dem 40 Jahre alten *Kursbuch Frauen* wieder ab, nämlich »Power Frauen!« von Karin Reschke. Es ist ein dunkler, ein fast pessimistischer Text. Es ist ein Text, der einerseits ein beginnendes Selbstbewusstsein für Ungerechtigkeiten und Ungleichheiten beschreibt, der Versuche beschreibt, wie sich Frauen beruflichen und familiären Zwängen zu entziehen versuchen. Andererseits beschreibt er die Macht einer Praxis, die jenes Selbstbewusstsein immer wieder korrumpiert. Untereinander seien Frauen in entsprechenden Initiativen selbstbewusst und stark, aber zurück in den praktischen Zwängen ihrer Familien und Arbeitsplätze bleibe davon nicht viel übrig. Was Reschke beschreibt, ist die Widerständigkeit einer Gesellschaft, die oftmals stärker ist als der Wunsch ihrer Akteure, an ihren Praktiken etwas zu ändern. In der kurzen Vorbemerkung zu dem Wiederabdruck konstatiert Reschke durchaus einen Fortschritt, wähnt die Dinge auf einem guten Weg, deutet an, dass sich gegenwärtige Feministinnen vielleicht allzu sensibel zeigen und auch dort Diskriminierung wittern, wo sie womöglich nicht zu finden ist, aber dass die Frauenfrage, wenn man das so altmodisch ausdrücken will, noch lange nicht gelöst ist. Aber lesen Sie selbst!

Man könnte vielleicht in Analogie zu Kant argumentieren, der 1784 auf die selbst gestellte Frage, ob wir in einem aufgeklärten Zeitalter leben, meinte: Nein, wir leben in einem Zeitalter der Aufklärung. So scheint es sich hier auch zu verhalten. *Progress* als *work in progress*, könnte man sagen.

Dieses Editorial ist der einzige Text dieses *Kursbuchs*, der von einem Mann geschrieben wurde. Ob die folgenden Sätze davon bestimmt sind? Kann man nicht wissen. Aus meiner Perspektive – und das sieht der andere Herausgeber genauso – ist ein Frauen-*Kursbuch* trotz aller Dekonstruktion des Geschlechts, trotz aller erreichten Gleichstellung der Geschlechter, trotz der Feminisierung vieler Teile der Gesellschaft, trotz eines erheblichen Selbstbewusstseins von Frauen, die explizit als Frauen sprechen, und trotz einer ohne Zweifel liberaler und pluraler gewordenen Kultur nicht nur möglich, sondern nötig. Gerade an diesem Thema lässt sich eindrucksvoll sehen, wie weit formale Gleichstellung und ihre informelle Umsetzung, wie weit semantische Verstärkungen und konkrete Praktiken, wie weit Ansprüche und Wirklichkeiten voneinander entfernt sind. Das gilt übrigens für beide Seiten: für Männer, aber auch für Frauen selbst, die in mancher Hinsicht womöglich die Fremdzurechnung als Frau in eine praktische Selbstzurechnung übersetzen, die strukturell gar nicht so weit von dem entfernt ist, was Karin Reschke 1977 beschrieben hat. Nicht nur Männer sehen in Frauen nur Frauen, sondern auch die Praktiken von Frauen erzeugen Frauen.

Um nicht missverstanden zu werden: Es scheint eine praktische Form zu geben, mit der sich Männer und Frauen als Männer und Frauen verhalten, selbst dann, wenn sie gerade darüber reden, dass ihre Argumente mit dem Geschlecht des Argumentierenden nichts zu tun haben. Über diese Stabilität hinter dem Rücken der Akteure muss man sich wundern – übrigens auch darüber, dass der Grad des Wunderns darüber bei den beiden Seiten sehr ungleich verteilt ist.

Es gibt wohl kaum eine ostentativere Form der Sichtbarkeit als diejenige, die an Frauenkörpern hängt – was sich ziemlich bescheuert anhört, weil auch Männer Körper haben. Aber als Männer werden sie nur sichtbar, wenn Frauen dazukommen. Und die ostentative Form der Zurschaustellung von Männerkörpern – etwa in der Werbung – muss sich am Bild der Frau messen lassen. Wo Männerkörper immer schon hingehörten – im Sport zum Beispiel –, sind sie keine Männerkörper. Zuvor spielte das Geschlecht tatsächlich keine Rolle, nämlich weil keine Frauen sichtbar waren. Wir unterscheiden dort, wo es einen Unterschied macht. Aber auch dort, wo es eigentlich keinen machen müsste. Aber keinen Unterschied macht es nur dann, wenn man keine Männer und Frauen sieht, oder besser: wenn man keine Frauen sieht. Frauen, so schreibt Margarete Stokowski in ihrem Beitrag, würden »immer noch viel stärker als körperliche Wesen wahrgenommen«, und Männer verschwänden »in einer nahezu körperlosen Neutralität«.

Das Mysterium besteht wohl darin, dass auch in Bereichen der Gesellschaft, in denen es ganz offenkundig nicht um Geschlechterunterscheidungen geht und das Geschlecht des Handlungsträgers (generisches Maskulinum, sonst wäre der Satz sinnlos!) für die Sache selbst keinen Informationswert hat, die jeweilige Geschlechterpräsenz dennoch eine Rolle spielt. Aber warum scheitern nur weibliche Dax-Vorstände öffentlich, männliche aber selten? Wohlgemerkt: selten öffentlich oder wenigstens weniger öffentlich! Nur weil es weniger davon gibt? Und Frauen einen Körper haben?

Diese Fragen sind nach wie vor ungelöst – und vielleicht sind sie heute noch schwieriger zu beantworten als 1977. Denn die Provokation besteht ja darin, dass nach 40 Jahren wirklich anders geredet und gedacht wird. Dass nach 40 Jahren wenigstens konfessionell das meiste erreicht scheint und trotzdem fast alles gilt, was Karin Reschke 1977 berichtet hat, ist die Provokation – es gilt in veränderter Form, aber was die Asymmetrie von Frauen und Männern angeht, sehr wohl ähnlich. Es scheint bis tief in die Praktiken der Gesellschaft hinein eine Asymmetrisierung zu geben, die sich nicht einmal durch die stärksten Symmetriebekenntnisse auflösen lässt. Dass sich dies zumeist in Machtkonflikten niederschlägt – etwa bei der Frage sexueller Machtausübung –, ist ja nur ein Hinweis darauf, dass es um stabile Asymmetrien geht. Deren Stabilität ist das Merkwürdige, das erklärt werden muss. Deshalb darf, deshalb *muss* auch 2017 noch über »Frauen« geschrieben werden.

Wir haben unsere Autorinnen gebeten, sich dieser Asymmetrie anzunehmen und das Terrain zu vermessen. Sie nähern sich alle von unterschiedlichen Seiten dem Gegenstand. Der Unterschied zum *Kursbuch 47* jedenfalls wird dadurch markiert, dass der Gegenstand damals klarer war. Auf die Idee zu kommen, ob man die Frage nach den Frauen überhaupt stellen solle/könne/dürfe, war gar nicht möglich, denn es ging darum, die Frage zunächst überhaupt zu stellen. Heute muss mit Anführungsstrichen begonnen werden. Paula-Irene Villa tut das explizit, um die Gegenstandskonstitution schon schriftästhetisch auf den Begriff zu bringen, während Tatjana Schönwälder-Kuntze in ihrem Beitrag über die Frage der Prominenz von Judith Butler auf dem Gebiet die Idee der Kritik mit imaginären Anführungsstrichen belegt. Und Christina von Braun nimmt ebenfalls die Frage sich verflüssigender Kategorien und die ziemlich stabilen Kritikformen dagegen aufs Korn. Gertrud Lehnerts Perspektive auf die Mode als angebliches »Frauenthema« überrascht mit einer Konsequenz, die ich so ausdrücken möchte: Die weibliche Vielfalt und Sequenzialität des Modischen lässt Frauen als geradezu akzidentell erscheinen, während die Unveränderlichkeit des Modischen des männlichen Anzugträgers gewissermaßen wie die Beharrlichkeit der Substanz erscheint. Unsichtbarkeit als Existenznachweis gewissermaßen. Um Unsichtbarkeit geht es auch bei Jasmin Siri, die über die Unsichtbarkeit rechter Frauen nachdenkt und zu dem Schluss kommt, dass Weiblichkeit hier als Strategie eingesetzt wird. Als Potenzial erscheint Weiblichkeit in dem Beitrag von Barbara Thiessen, die eine Entdramatisierung, aber auch Marginalisierung von Care-Arbeit durch ihre Vergeschlechtlichung diagnostiziert.

Ein wirklich bemerkenswerter Beitrag ist der von Shila Meyer-Behjat. Sie berichtet über die persische Frauenrechtlerin Tahiri, die es 1848 wagte, auf einer Versammlung von Gelehrten ihr Kopftuch zu entfernen und eine Erneuerung von Religion und Gesellschaft zu fordern. Ihren Weg aus der Unsichtbarkeit in die Sichtbarkeit bezahlte Tahiri wenige Jahre danach mit ihrem Leben. Es ist ein historischer Fall, aber auch eine Parabel auf die Asymmetrie der Sichtbarkeit.

Die Bilder der aus Afghanistan stammenden Hamburgerin Moshtari Hilal können geradezu als Parabel auf den Topos *Sichtbarkeit versus Unsichtbarkeit* gelesen werden, der sich durch dieses ganze *Kursbuch* zieht. Ihre Frauenporträts sind Skizzen, die eben nicht porträtieren, sondern mit dem Weglassen spielen. Sie reduzieren die gezeigten Gesichter auf etwas Wesentliches, das aber nicht gleich sichtbar wird. Sie bewegen sich, so sagt sie selbst, zwischen theoretischen und therapeutischen Welten und sind auf der Suche nach marginalisierten Identitäten. Ihr besonderer Reiz liegt aber darin, dass sie auf ostentative Identitätszumutungen verzichtet und damit viel Raum für Deutungen und Assoziationen bietet.

Identität ist das Thema von Widad Nabi. Die Geschichten einer »Frau am Spreeufer« der aus Aleppo geflohenen kurdischen Syrerin changieren zwischen der Suche nach konkreter Herkunft und universalen Schicksalen. In einem Interview mit Amnesty International betonte die Autorin in diesem Jahr, wie sehr sich Kriegs- und Zerstörungserfahrungen überall ähneln, sie erwähnt auch die Kriegserfahrung der Deutschen im Zweiten Weltkrieg, und wie sehr es die Literatur sei, die hier auf Gemeinsamkeiten, ja Universalität der Erfahrung hinweisen könne und müsse. Bewegend ist, wie sie hier berichtet, dass sie sich, auch nach dem Verlust ihrer eigenen Bibliothek, deutschsprachige Bücher gekauft habe, bevor sie ein Wort deutsch konnte – gewissermaßen als ein Versprechen auf zukünftige Zugehörigkeiten.

Ein besonderer Dank gilt Lilly Murmann, die bei der Vorbereitung dieses *Kursbuchs* einen ersten Aufschlag mit Themen- und Namensvorschlägen gemacht hat und die Konzeption dieses *Kursbuchs* maßgeblich mitgestaltet hat.

Sonja Zekri schließlich gilt unser Dank dafür, dass sie den 20. Brief einer Leserin geschrieben hat.

Sonja Zekri
Brief einer Leserin (20)

Möglicherweise wird 2017 in die Geschichte der Frauenbewegung eingehen als das Jahr, in dem das *Kursbuch* nach 40 Jahren wieder ein ganzes Heft den Frauen gewidmet hat. Sehr viel wahrscheinlicher aber ist es, dass es als das Jahr in Erinnerung bleiben wird, in dem Errungenes verteidigt werden musste.

Um gerecht zu sein: Man darf nicht alles dem Jahr 2017 in die Schuhe schieben. 2016 und 2015 waren ebenfalls keine wirklich glücklichen Abschnitte. Gewiss, die Frage nach einem freiwilligen weiblichen Sex-Verzicht als radikalem Ausweg aus der Unterdrückung, wie Karin Reschke sie im *Kursbuch* vor 40 Jahren stellte, wird heute nicht mehr ernsthaft diskutiert. Ihre Forderung nach einer Einbindung der Männer in die Gleichberechtigungsbemühungen hingegen ist nach wie vor aktuell, und der Zusammenhang zwischen der gesellschaftlichen Benachteiligung von Frauen und weiblicher Not nach wie vor quälend.

Viele der alten Desiderata sind auch die neuen: bessere Vereinbarkeit von Familie und Beruf, ein Ende der Lohnunterschiede, des Armutsrisikos für alleinerziehende Mütter, mehr Frauen in leitenden Positionen. Das gesellschaftliche Klima hingegen hat sich erkennbar geändert. Es ist sehr viel fortschrittlicher, liberaler, offener, auch für andere Gruppen, deren Stimmen lange nicht zählten: Schwule, Lesben, Transpersonen, Migranten, Kinder von Migranten. Inzwischen müssen sich die Deutschen mit den Besonderheiten von Identitäten auseinandersetzen, von deren Existenz die meisten vor 20 Jahren nicht einmal etwas ahnten, ja, die Identität an sich hat als politische Kategorie – demokratiestärkend wie demokratiegefährdend – eine Bedeutung gewonnen, die sie in der Geschichte kaum je hatte.

Theoretisch könnten sich die Verlierer der weißen patriarchalischen Weltordnung verbünden, zusammen wären sie viele. Und manchmal, selten geschieht das auch, in Amerika beispielsweise beim Womens March nach der Amtseinführung von Donald Trump. Aber das sind Ausnahmen. Oft macht die Vielfalt der Stimmen alles nur komplizierter. Nicht alle haben dieselben Interessen, nicht jede Feministin kämpft für die Interessen von Transfrauen, nicht jeder Ausländer ist frauenfreundlich, nicht jeder Schwule akzeptiert Muslime – und umgekehrt. Keine Gruppe hat bis heute selbst in den fortschrittlichsten Ländern jenen Grad an Gleichstellung erreicht, den sie sich vorstellt, und vielleicht geht das auch gar nicht, weil das Verhältnis zwischen gesellschaftlichen Gruppen ohnehin immer neu ausbalanciert werden muss. Das schafft manchmal Solidaritätseffekte, manchmal auch nur Konkurrenz.

Dummerweise reichen bereits jene Zugeständnisse mehr als aus, um jene auf den Plan zu rufen, denen die ganze Richtung nicht passt. Rechte Populisten kassieren ein Land nach dem anderen, Polen, Ungarn, Amerika, auch Regionen Deutschlands. Eine erfolgreiche Zukunft ohne die Begegnung mit störenden Fremden und ohne Globalisierung ist denkbar, locken sie. Vielleicht lässt sich mit dem homogenen Nationalstaat auch das Familienmodell aus den Nachkriegsjahren recyceln? Das hat es in dieser Idylle möglicherweise so nie gegeben, aber dadurch wird die Sehnsucht danach nur größer. Gehört zum neuen patriotischen Lebensgefühl nicht doch die Sicherung der Mindestreproduktivität durch die klassische Kleinfamilie? Auf den Plakaten der AfD im Bundestagswahlkampf sah man beispielsweise Frauke Petry (damals noch Parteimitglied) mit ihrem Sohn Ferdinand (»Und was ist Ihr Grund, für Deutschland zu kämpfen?«). Oder: den halb entblößten Bauch einer Schwangeren, links unten ihr lachendes Gesicht, darüber die Sätze: »Neue Deutsche? Machen wir selber.«

Vor ein paar Jahren noch wäre diese Lebensborn-Idylle, dieses Brutmaschinen-fürs-Vaterland-Ideal, undenkbar gewesen. In den Erschütterungen des Nach-Brexit-, Nach-Trump-Jahres war es nur eine Ungeheuerlichkeit unter vielen.

Unterdessen versuchen die Rechten, die Schwachen gegen die noch Schwächeren auszuspielen. Seit der Kölner Silvesternacht haben all jene einen schweren Stand, die Syrer, Afghanen, Iraker mit Blumen empfingen. Köln ist ein Einzelfall, beschwichtigten zwar damals viele, nicht alle jungen Männer aus dem islamischen Raum sind so. Man werde Vorkehrungen treffen, dass sich Derartiges nicht mehr wiederholt, versprach die Politik. Die Literaturwissenschaftlerin Barbara Vinken verstieg sich sogar zu der romantischen Hoffnung, ein wenig vom »orientalischen Charme« der Neuankömmlinge werde den »Verkehr der Geschlechter« beflügeln – als könne man an erotische Projektionen aus fernen Zeiten anknüpfen, an das Bild eines freizügigen Orients, wie es einst Gustave Flaubert in seinem *Reisetagebuch aus Ägypten* oder Pier Paolo Pasolini bei den Dreharbeiten zu den *Erotischen Geschichten aus 1001 Nacht* im Jemen vorschwebte.

Alice Schwarzer, schon vor 40 Jahren im *Kursbuch* berühmt und umstritten, beschritt nach Köln beherzt den anderen Weg. Sie versammelte in einem Buch *(Der Schock – die Silvesternacht von Köln)* einige der prominentesten Islamkritiker, die die sexuelle Gewalt gegen Frauen vor dem Dom als geradezu zwangsläufige Enthemmung sexuell frustrierter junger muslimischer Männer deutete, mithin als religionsimmanent.

Zwei Jahre später scheint sich diese These noch düsterer zu bestätigen: Die Zahl der Vergewaltigungen und sexuellen Übergriffe steigt – und es steigt die Zahl der Flüchtlinge unter den Tätern. Wer als Frau den weiteren Zuzug befürwortet, wirkt da naiv, ja fast leichtfertig.

Aber ist das so? Müssen Frauen sich wirklich entscheiden, können sie nicht beides grundsätzlich ablehnen, Frauenhass und Ausländerfeindlichkeit? Die äußerst hellsichtige britische Feministin Laurie Penny jedenfalls dreht den Spieß einfach um. Sie stellt einen ganz anderen Zusammenhang her, nämlich jenen zwischen Rassismus und Frauenhass: »Dieses reaktionäre Aufbegehren, das sich aktuell gegen den modernen Feminismus richtet, ist zutiefst rassistisch«, sagte sie in einem Interview. Die Schnittstelle von Sexismus und Rassismus treibe die White-Supremacy-Bewegung weltweit voran: »Diese Obsession mit

›unseren‹ Frauen, die vor braunen oder schwarzen Männern beschützt werden sollen. Ein Feminismus, der nicht links und antirassistisch ist, bringt uns nicht viel.«

Natürlich sind nicht alle, die sich Sorgen um die Freiheit der westlichen Frauen machen, Rassisten. Nur sind sie eben auch nicht immer die besten Freunde der Frauen. Die hysterische Sorge um den Schutz der deutschen Frau vor dem dunklen Mann ist von Eigentumsdenken manchmal kaum zu unterscheiden.

Vor allem aber zeigt diese Diskussion, zeigt das Jahr 2017: Frauenrechte sind zu einem politischen Instrument geworden. Spätestens seit die Amerikaner in Afghanistan einmarschierten, weil nach Jahren ungestörter Taliban-Herrschaft die Unterdrückung der afghanischen Frauen keinen Tag länger hinnehmbar war, sind Frauenrechte als politisches Vehikel etabliert. Frauen durften in Saudi-Arabien nicht Auto fahren? Schlimme Geschichte, da graust es den liberalen westlichen Beobachter, und er fühlt sich gleich noch ein bisschen liberaler und westlicher. In Russland werden Schwule und Lesben verfolgt? Er lernt es eben nicht, der Russe, hat er noch nie, nicht die Demokratie und die Toleranz auch nicht.

Wenn sich dann auch einmal im Westen ein Abgrund auftut wie im Fall der sexuellen Übergriffe des Hollywood-Produzenten Harvey Weinstein, ist der Schock umso größer: So etwas ist immer noch möglich?

Ist es. Sollte es nicht, schließlich dachten viele, wir wären schon weiter. Dass der Status quo nicht nur ernüchternd ist, sondern sogar gefährdet, das ist die bittere Erkenntnis des Jahres 2017.

Margarete Stokowski
Stadt, Land, Fluss beim Sex
Mein Leben als feministische Kolumnistin

Frauen sind die größte Minderheit der Welt. Denn obwohl es weltweit ähnlich viele Frauen wie Männer gibt, gilt auch 68 Jahre nach Simone de Beauvoirs Buch *Das andere Geschlecht* die Frau häufig immer noch als Spezialfall und der Mann als Normalfall. »Sie ist das Unwesentliche gegenüber dem Wesentlichen«, schrieb Beauvoir über die Frau im Verhältnis zum Mann: »Er ist das Subjekt, er ist das Absolute: sie ist das Andere.«[1]

Es klingt etwas hart, wenn man das heute noch so sagt. Es ist immerhin einiges passiert, seitdem Beauvoir diese Sätze geschrieben hat, und selbst sie hatte damals schon das Gefühl, eigentlich sei in der Debatte um den Feminismus bereits »genug Tinte geflossen«. Immerhin war in den Jahrzehnten zuvor auch schon viel passiert.

Man handelt sich heute schnell den Vorwurf ein, sich nur zum Opfer machen zu wollen, wenn man davon spricht, dass Frauen benachteiligt werden. Es kann passieren, dass man als Feministin für genau diese Feststellung als frauenfeindlich bezeichnet wird, weil man angeblich die vielen Fortschritte nicht sieht, die Frauen erkämpft haben. Frauen können heute immerhin genauso mächtige Positionen bekleiden wie Männer, sie können reich und berühmt werden, sie können ins All fliegen oder Kriege führen oder wichtige Rollen in Filmen spielen, in denen Kriege im All geführt werden.

Es gibt auch Leute, die finden, Frauen hätten es inzwischen besser als Männer: Sie leben länger und bekommen eigene Quoten und Parkplätze und Frauenschwimmtage im Hallenbad; es gibt in vielen Ländern ein Frauenministerium, aber kein Männerministerium; und dort, wo es eine Wehrpflicht gibt, gilt sie bis auf wenige Ausnahmen nur für Männer. Das stimmt alles. Und doch: Die Tatsache, dass es um die Lebenssituationen und die Macht von Frauen heute besser steht als zu Zeiten, in denen die bloße Forderung nach gleichen Rechten mit dem Tod bestraft wurde, heißt nicht, dass alles gut ist. Noch lange nicht.

Wer heute über Frauen spricht, muss ständig »immer noch« und »trotz« sagen: Immer noch gehört Frauen weniger Geld, und immer noch erledigen sie die meiste Familienarbeit, immer noch erleben viele Frauen sexualisierte Gewalt, und immer noch reden Leute davon, Frauen seien während ihrer Menstruation nicht ganz zurechnungsfähig – trotz der politischen und gesellschaftlichen Entwicklungen der vergangenen Jahrzehnte, trotz der (zumindest in Deutschland) verbesserten Rechtslage, trotz theoretisch sehr verfügbarer Informationen über den weiblichen Körper.

Und immer noch gelten »Frauenthemen« als Spezialthemen. In der Literatur lässt sich das gut beobachten. In Buchhandlungen gibt es Regale mit »Frauenliteratur« (mein Lieblingsgenre: »freche Frauen«), aber keine »Männerliteratur«. Ein berühmter Gedichtband, den Marcel Reich-Ranicki zusammengestellt hat, enthält Gedichte deutscher Lyrikerinnen vom Mittelalter bis zur Gegenwart und heißt: *Frauen dichten anders* – anders als wer?, könnte man fragen, aber ach, man will sich die Blöße nicht geben. Anders als Männer natürlich, der Normalfall. (Nur im Bereich Kosmetik ist es andersrum, da sind Männer das Besondere: Da gibt es Shampoos für trockenes, welliges, glattes, feines, fettiges oder älter werdendes Haar – und für Männer.)

Als Margaret Atwood im Oktober dieses Jahres den Friedenspreis des Deutschen Buchhandels erhielt, sagte Eva Menasse in ihrer Laudatio, es würde häufig behauptet, »das Frauenthema« sei ein Lebensthema von Atwoods Büchern. Nun sei es aber erstens so, dass bei Schriftstellerinnen eh genauer hingesehen werde als bei Schriftstellern, wie sie Geschlechterverhältnisse konstruieren. Kaum jemand würde bei einem männlichen Schriftsteller darauf hinweisen, dass seine wichtigen Figuren allesamt Männer sind. Es wäre irgendwie pingelig und am Thema vorbei. Zweitens aber, so Eva Menasse, würde ein Buch eben nicht dadurch ein »Frauenbuch«, dass die Hauptfigur weiblich ist. Ein Roman wie *Der Report der Magd* kann zugleich von der Unterdrückung der Frau handeln und vom Totalitarismus – von dem man nicht unbedingt behaupten würde, er sei ein typisch weibliches Thema. Wenn Frauen in der von Atwood beschriebenen Dystopie auf die Art betroffen sind, dass sie keine eigenen Pläne mehr haben dürfen, außer Kinder zu gebären, dann ist das ein zentraler Baustein dieses Gesellschaftssystems und nichts für die »Frauenecke«.

Der Witz ist: Es gibt keine »Frauenthemen«. Themen werden zu Frauenthemen, weil Männer sich nicht darum kümmern, und nicht, weil sie nicht betroffen sind. Schwangerschaft und Geburt gelten als »Frauenthemen«, aber Männer werden auch Väter. Erziehung und Pflege sind »Frauenthemen«, weil Frauen hier mehr unbezahlte Arbeit leisten. Ungleiche Bezahlung ist ein »Frauenthema«, weil Männer sich zu selten darüber beschweren. Gewalt gegen Frauen ist ein »Frauenthema«, aber sie geht meistens von Männern aus.

Neuverpackung:
Aus der Frauenfrage werden Gender-Themen

In früheren Etappen des Feminismus wurde häufig von der »Frauenfrage« gesprochen. Damals war allerdings auch noch eindeutiger auszumachen, um welche grundlegenden Veränderungen es ging: Die Frauenbewegung ab dem Ende des 19. Jahrhunderts bis in die 1920er-Jahre kämpfte vor allem für das Frauenwahlrecht und Zugang zu anderen Bereichen männlicher Vorherrschaft, etwa Bildung und Beruf. In der Frauenbewegung der 1970er-Jahre standen dann andere Themen im Mittelpunkt, hauptsächlich Selbstbestimmung über den eigenen Körper, Schönheitsnormen, das Recht auf Familienplanung, die Neuorganisation von Kindererziehung und Hausarbeit, Gewalt gegen Frauen.

Diese sogenannte »zweite Welle des Feminismus« formierte sich unter anderem aufgrund der Erkenntnis, dass das, was Männer für sexuelle Befreiung oder gar Revolution hielten, überhaupt nicht alle gleichermaßen befreite. Denn einerseits sollte die »Revolution« von 68 sexuell sein, andererseits wurde das Geschlechterverhältnis nicht grundlegend infrage gestellt. Man war zumindest unter Männern der Meinung, die »Frauenfrage« sei ein Nebenwiderspruch, der sich mit der Auflösung des Hauptwiderspruchs – der Klassenfrage – von allein lösen werde: Demnach war es nur im Dienste der Sache, alle politischen Kräfte darauf zu fokussieren.

Doch natürlich zeigte schon die Umdeutung der *Geschlechterfrage* zur *Frauenfrage*, dass die Mehrheit der Männer nicht das Bedürfnis verspürte, in dieser Hinsicht eine Emanzipation zu durchlaufen: Viele hofften, sich sexuell befreien zu können in dem Sinne, dass zu ihrer Befriedigung mehr Frauen als vorher zur Verfügung stünden. Frauen sollten sich locker machen. Sie hatten aber bei Versammlungen weiter weniger Möglichkeiten, zu sprechen, weil sie weniger ernst genommen wurden, sie sollten lieber Flugblätter abtippen oder waren nur »die Freundin von«. Wenn man heute liest, was die Frauen, die damals dabei waren und zum Teil in den legendären Kommunen lebten, über die sexuelle Freiheit dieser Zeit sagen, ist das ziemlich ernüchternd: Die meisten hatten sehr wenig Spaß.

»Das stimmt nicht!«, rief einmal ein Mann dazwischen, als ich bei einer Lesung aus meinem Buch *Untenrum frei* diese meine Sichtweise auf die »sexuelle Revolution« erklärte. Er stellte sich als Zeitzeuge vor, als sogenannter Alt-68er, und wollte sich verteidigen: »Das war so eine super Zeit«, erklärte er. »Ehrlich. Wir waren so frei, alles war so leicht, du konntest jede Frau haben!« Er merkte nicht, dass ein Großteil des ansonsten eher studentischen Publikums davon leicht irritiert oder belustigt war. »Was wir damals gemacht haben«, fand er, »das war gelebte Freiheit! Man spricht immer von 68, aber eigentlich ging das viel länger – bis in die 80er-Jahre, denn da kam Aids. Da war der Spaß vorbei, da musste man aufpassen, das hat richtig genervt.« Ich hätte mir meinerseits kaum eine plakativere Bestätigung wünschen können als diesen Mann im Publikum.

Was wäre heute die »Frauenfrage«? Es gibt sie nicht mehr in dem Sinne, wie es sie früher gab. Es gibt zwar weiterhin Themenfelder, die bearbeitet werden müssen, um die Lebenssituation von Frauen zu verbessern: gleiche Bezahlung, Gewalt gegen Frauen, die Verteilung von Kindererziehung, Pflege von Angehörigen und Arbeit im Haushalt, Abtreibungsrechte (immer noch), Altersarmut, die Situation von Prostituierten, Betreuung von Schwangerschaft und Geburt und viele andere.

Oft redet man dann inzwischen nicht mehr von »Frauenthemen«, sondern von »Gender-Themen«. Frauenbeauftragte heißen inzwischen eher Gleichstellungsbeauftragte, an Universitäten betreibt man eher Gender Studies als Frauenforschung, und in der Politik oder Wirtschaft spricht man häufig nicht von Frauenförderung oder Frauendiskriminierung, sondern von Geschlechtergerechtigkeit.

Das ist alles einerseits gut und richtig und andererseits nicht so hilfreich, wie man meinen könnte. Denn auch wenn es zwar stimmt, dass Frauenthemen immer auch Männerthemen sind, weil sie Gesellschaftsthemen sind, wird »Genderkram« weiterhin oft als »Frauenkram« wahrgenommen: Dann sind Frauen eben Menschen mit Gender – oder haben womöglich nur Feministinnen ein Gender? Manchmal scheint es so. Als die Jugendorganisation der AfD, die »Junge Alternative für Deutschland« einmal eine Facebook-Aktion startete, in der es um »Gleichberechtigung statt Gleichmacherei« gehen sollte, ließ sich eine der Teilnehmerinnen mit einem Schild fotografieren, auf dem stand: »Ich bin keine Feministin, weil ich auch ohne Gender Eier in der Hose habe!«

So lustig das ist, so typisch ist es leider auch. Wenn man über die Probleme redet, die es heute in Bezug auf Gleichberechtigung immer noch gibt, dann kommen immer wieder dieselben Einwände. Es ist kaum möglich, über die Benachteiligung von Frauen in irgendeinem Bereich zu sprechen, ohne dass jemand auf eine bestimmte Frau (oder sich selbst) zeigt und sagt: Aber *diese* Frau hat *dieses* Problem nicht! Und das mag tatsächlich stimmen. Das ist unser Glück: dass wir mitten im Fortschritt sind. Aber es ist auch unsere Herausforderung: strukturelle Probleme trotzdem zu sehen. Das heißt, Probleme zu sehen, die sich immer und immer wieder auf dieselbe Art wiederholen, weil sie durch die Art begünstigt sind, wie unsere Gesellschaft funktioniert, weil manche Leute mehr Macht und Privilegien haben als andere. Denn weder ein starker Charakter noch glückliche Umstände machen politische Entwicklungen überflüssig.

Es gibt gleichberechtigte Beziehungen zwischen Frauen und Männern, es gibt Unternehmen mit fairer Bezahlung, und es gibt Frauen, die nicht vergewaltigt werden. Es gibt aber auch jene, für die das alles klingt wie ein sehr ferner Traum.

Immer wieder trifft man Leute, die direkt provoziert sind, wenn sie hören, dass jemand Feministin ist oder Feminist. Sie fangen sofort an, sich zu verteidigen, auch wenn man noch keine zwei Sätze miteinander gewechselt hat. Wer weiß, was ihnen da wieder alles weggenommen werden soll – und das gilt für Männer und Frauen gleichermaßen. Es gibt Leute, die ernsthaft denken, Feministinnen wollen statt des Patriarchats eine weibliche Herrschaftsform errichten, in der Männer geknechtet sind und Frauen in allen Dingen das Sagen haben. Das ist natürlich Quatsch. Viel zu viel Arbeit. Nein, Scherz. Es ist tatsächlich Quatsch, weil Feminismus nicht die Umkehrung von Unterdrückungsverhältnissen will, sondern ihre Abschaffung.

Es gibt außerdem – gar nicht so wenige – Leute, die denken, Feministinnen wollen Frauen ihre Mutterschaft madig machen und glückliche Mütter, Ehefrauen und Hausfrauen zu unmündigen, elenden Wesen erklären, die alles kaputt machen, wofür Frauen seit Jahrhunderten kämpfen. Auch das stimmt nicht.

Und dann gibt es Leute, die finden schlicht: »Für mich trifft das alles nicht zu. Ich bin emanzipiert, aufgeklärt und fortschrittlich, und wenn mir jemand sexistisch kommt, hey, das kann passieren, aber dann sag ich eben: Halt die Klappe.« Das sind Leute, die Feministinnen oder Feministen vielleicht nicht provokant finden, aber eben doch etwas abgedreht und übertrieben, einen Tick zu stressig.

Genau das habe ich am Anfang auch gedacht, noch bis zum Anfang meines Studiums. Ich hatte nie diese Vorurteile gegen Feministinnen, von denen man immer hört: dass sie BHs verbrennen und Latzhosen tragen. Latzhosen wären mir egal gewesen, und BHs zu verbrennen hätte ich sogar noch interessant gefunden, weil ich Kokeln mag und es wirklich außerordentlich viele unbequeme und sinnlos pushende BHs gibt. Aber das war es nicht. Ich hatte einfach die Vorstellung, dass Feminismus mich nicht betrifft. In meiner Wahrnehmung handelte es sich dabei um ein Kapitel der Geschichte, das mich so wenig betraf wie die RAF. Mir war schon klar, dass beides – Feminismus genau wie die RAF – mal ein wichtiges Thema gewesen war, dass einige dafür und viele dagegen gewesen waren und dass man *damals* eine Meinung dazu haben musste. Aber heute?

»Sie unanständiges Mädchen«

Als ich dann mit dem Schreiben anfing, noch während des Studiums, wollte ich gar nicht über Feminismus schreiben oder über »Frauenthemen«. Ich wollte über Sex schreiben, zumindest manchmal, wenn es sich fügte, und ansonsten über Literatur, Musik, Theater, ab und zu Politik. Nur war es dann so, dass ich, weil ich ein paarmal auch sexuelle Themen in meinen Texten hatte, ständig Anfragen zu – im weitesten Sinne – Sexthemen bekam: Hier mal was über einen veganen Sexshop, da was über Brustimplantate und dann etwas über schlechte Sexszenen im Film. Es war nicht mein Plan gewesen, aber ich fand es okay. Ich fand es so okay, dass ich später, als man mir anbot, eine eigene Kolumne in der *taz* zu bekommen, als Überthema »Luft und Liebe« vorschlug. Und so hieß dann meine erste Kolumne, die ich von 2012 bis 2015 in der *taz* schrieb. »Luft und Liebe« klang nett und hippiemäßig, und hätte mich jemals jemand gefragt, warum eigentlich dieser Name, dann hätte ich sogar etwas dazu antworten können. Ich hätte gesagt, dass das meine Idealvorstellung von Geschlechterverhältnissen sei. Luft im Sinne von: sich Raum geben, die anderen machen lassen, so, wie sie wollen. Und Liebe da, wo sie sich ergibt. (Hat bloß nie jemand gefragt.)

Am Anfang schrieb ich noch über persönlichere Anekdoten und Ideen, die irgendwie mit Sex zu tun hatten, ohne große politische Absichten. Ich nannte mich zwar inzwischen Feministin, aber eher aus dem Gefühl heraus, dass Selbstbestimmung eine gute Sache ist, und nicht, weil ich besonders konkrete Thesen zu aktuellen Themen gehabt hätte. Einmal berichtete ich, wie mir mein Vibrator zerbrochen war, beim Benutzen, und wie traurig ich das fand, und dass ich davon meinem Freund erzählte, weil man ja zu seinen Geräten irgendwie auch eine Beziehung aufbaut, und dass mein Freund wiederum froh war, dass nur der Vibrator gebrochen war. Ein Online-Kommentator schrieb dazu: »Frau Stokowski, einfach krass, was Sie über sich veröffentlichen. Der Artikel bleibt doch voraussichtlich auf ewige Zeiten online. Wenn das alles stimmt, was Sie da schreiben, müssen Sie ein enormes Selbstbewusstsein und eine sehr stabile Beziehung haben. Als Leser gefallen mir solche Themen; klar, praktisch, dass ich erfahre, wie die Intimsphäre bei anderen aussieht. […] Als Mitmensch von Ihnen wünsche ich mir aber, dass Sie sich, welcher Auflage und welchen Einkommens auch immer, keinen psychischen Schaden zufügen (lassen). […] Passen Sie besser auf sich auf!« – Mich rührte das. Ja, stabile Beziehung, so weit richtig. Enormes Selbstbewusstsein: Weiß nicht. Ich hätte es schlicht wesentlich peinlicher gefunden, zu schreiben, dass ich mal die CDU gewählt hätte (hab ich nicht), als öffentlich zu erwähnen, dass ich masturbiere.

Ein ähnlicher Fall von verwirrender Intimoffenbarung passierte noch etwas früher, in einer Kolumne, die ich 2011 ersatzweise für einen Kollegen schrieb, der verstorben war und nun einen leeren Kolumnenplatz hinterließ. Es war klar, dass ich den Platz nur aus Improvisationsgründen erhielt, also konnte ich auch Quatsch machen. Ich erzählte, wie ich eines Morgens nicht so richtig Lust auf Sex hatte, aber mein Freund schon, und wie ich vorschlug, währenddessen gleichzeitig »Stadt, Land, Fluss« zu spielen (ohne Zettel): »Ich fing an, A, er musste stopp sagen. Wer jeweils zuerst alle Wörter zusammenhatte, rief: Schluss. Ich gewann haushoch, er hatte einen Orgasmus.« – Das wurde ich nicht so schnell wieder los. Ich war nun in den Augen einiger Leser die leicht Wahnsinnige, die erzählte, dass sie ein mittelmäßiges Sexerlebnis gehabt hatte.

Zwei Dinge lernte ich damals, die sich auch mit den Jahren nicht ändern sollten. Es gab zwar viele Leute, die meine Arbeit mochten, aber diejenigen, die sie nicht mochten, ließen mich das oft auf zwei Arten wissen. Erstens konnte es in ihren Augen nicht sein, dass ich freiwillig und bei vollem Bewusstsein so intime Dinge schrieb. Jemand musste mich beschützen, oder ich würde mich eben irgendwann schämen. Zweitens war ich für viele Kommentatoren »Frollein Margarete«, ein »böses Mädchen« oder auf sonst eine Art nicht ganz erwachsen. Das ist heute noch so. 2015 wechselte ich mit meiner Kolumne zu *Spiegel online* und schreibe seitdem nicht nur wöchentlich statt zweiwöchentlich, sondern auch mehr zu aktuellen politischen Themen. Ich bekomme immer noch Lesermails, die beginnen mit »Gretchen, Sie unanständiges Mädchen«. Ich bin 31 und frage mich, wie lange das so gehen wird. Schätze, der Übergang von »jung und naiv« zu »alt und verbittert« wird fließend verlaufen.

Es ist nicht so, dass ich mich über solche Reaktionen explizit freue, aber natürlich sind sie auch ein fast niedlicher Beweis für die Notwendigkeit weiterer feministischer Texte. Wann immer man in einem halbwegs reichweitenstarken Online-Medium einen feministischen Text veröffentlicht, wird in den Kommentaren darunter oder in den Leserzuschriften, die man erhält, noch einmal der Beweis geführt, warum der Text wichtig war. Das heißt nicht, dass sämtliche feministischen – oder alle meine – Kommentare stilistisch oder sonst wie durchweg besonders herausragend wären, aber es zeigt sich zumindest jedes Mal, dass viele Leute noch nicht hinreichend daran gewöhnt sind, an prominenter Stelle die Meinungen von Frauen zu lesen, die womöglich noch jünger sind als sie selbst (wenn es nicht zufällig gerade ihre eigene Meinung ist). Ein Mann, der sich seiner Sache sicher ist, ist: willensstark, durchsetzungsfähig, eventuell »umstritten«. Eine Frau, die sich ihrer Sache sicher ist, ist immer noch: im positiven Fall »mutig«, im negativen schlicht anstrengend.

Der Umgang mit Online-Kommentaren ist von Autorin zu Autorin unterschiedlich. Als ich mit dem Kolumnenschreiben anfing, sagten mir ein paar ältere Kolleginnen und Kollegen, ich solle niemals – wirklich nie – die Kommentare unter meinen Texten lesen. Dazu war ich am Anfang natürlich zu neugierig. Inzwischen lese ich sie selten, hauptsächlich aus Zeitgründen und weil ich über soziale Medien genug Rückmeldungen kriege, positive und negative. Es wäre aber auch schade gewesen, die Kommentare nie zu lesen, weil es auch sehr viele wunderschöne oder irgendwie anregende Rückmeldungen gab, und ich weiß nicht, ob ich etwa die Kolumne bei *Spiegel online* hätte anfangen wollen, wenn ich bis dahin nicht sehr viel Rückhalt bekommen hätte.

Ich hätte allerdings, als ich anfing, feministische Texte für verschiedene Medien zu schreiben, nicht gedacht, wie klischeehaft die negativen Rückmeldungen oft sind und wie häufig sie unverhohlen sexualisiert sind; dass es tatsächlich Menschen gibt, die es mit ihrer Würde für vereinbar halten zu schreiben, ich hätte mich zu meiner Kolumne hochgeschlafen, ich sei untervögelt (wie ist das vereinbar?), oder ich würde männerfeindliche Texte schreiben, weil ich missbraucht worden sei oder weil ich lesbisch sei.

Thesen über Thesen. Es handelt sich dabei bei Weitem nicht um die Mehrzahl der Leserreaktionen, aber es gibt diese Kommentare, und wenn ich sie per Mail erhalte, dann oft nicht mal von anonymen Trollen, sondern von Menschen, die mir von ihren beruflichen Mailaccounts schreiben, als Ingenieur, Rechtsanwalt oder Hochschuldozent. Sie schämen sich nicht mal ordentlich. (Nichts gegen Menschen, die ihre beruflichen Accounts für Leserpost nutzen! Ein Arzt aus Marburg hat per Mail nach meinen Lieblingswhiskys gefragt und mir dann zwei Flaschen ins *Spiegel*-Hauptstadtbüro geschickt.)

Anderen Autorinnen und Kolumnistinnen geht es damit sehr ähnlich. Man würde meinen, so billig ist niemand, aber die Tatsache, dass Meinungstexte häufig mit einem Foto der Autorin oder des Autors bebildert werden, lenkt viele Leser und Leserinnen vom Inhalt ab, sobald die Person auf dem Foto kein Mann im Anzug ist. Haare nicht genug gekämmt, zu mürrischer Gesichtsausdruck, Lippen zu rot, Ausschnitt zu tief. Diese Dinge zu kritisieren ist allerdings keine Sonderkompetenz von Online-Kommentatoren, auch professionell schreibende Menschen können das. Die Verlegerin Christiane Frohmann hat mal gesagt, Redaktionen sollten in Porträts über Schriftstellerinnen, Wissenschaftlerinnen etc. den ersten Absatz generell blind streichen: Da stehe meist irgendwas zum Aussehen der beschriebenen Frau drin, was nichts mit ihrer Tätigkeit zu tun hat – und was dementsprechend wegkann.

Ich habe ein paar meiner männlichen Kollegen gefragt, ob sich jemals jemand beschwert hätte, dass sie auf Fotos zu Kolumnen oder Interviews nicht lächeln. Niemand. Generell müssen sie fast vollständig ohne Mutmaßungen über ihr Sexualleben, ihren Beziehungsstatus oder Kommentare zu ihrem Äußeren auskommen. (Nur ein Kollege meinte, er hätte schon ein paarmal gehört, er sähe auf seinem Autorenfoto arrogant oder blasiert aus.) Sie kriegen für einige Texte Gewalt- oder Morddrohungen wie ich und andere Kolleginnen auch, aber sie kriegen keine Vergewaltigungsdrohungen – jedenfalls nicht direkt: Wer sich in Flüchtlingsfragen antirassistisch äußert, bekommt von Lesern schon mal den Wunsch geschickt, seine Frau oder seine Kinder mögen von Arabern vergewaltigt werden. Nie habe ich von einem Kollegen gehört, dem als Reaktion auf seine Texte erklärt worden wäre, er müsse nur mal wieder angemessen gevögelt werden.

Der Frauenkörper als öffentliches Objekt

Frauen werden, wenn sie sich öffentlich äußern, immer noch viel stärker als körperliche Wesen wahrgenommen. Das ist nicht verwunderlich in einer Gesellschaft, die weiterhin auf Werbeplakaten, Titelseiten und Automessen Frauenkörper als inhaltlich bezugslose Dekoration verwendet. Jahrzehntelang einstudierte Sehgewohnheiten gehen nicht plötzlich weg, wenn Frauen sich zu politischen Themen äußern. Naomi Wolf vertrat 1990 in *Der Mythos Schönheit* sogar die These, dass Schönheitsnormen für Frauen wirkmächtiger werden, je mehr politische, rechtliche und finanzielle Möglichkeiten Frauen haben:»In dem Maß, wie es den Frauen gelang, sich vom Kinder-Küche-Kirche-Weiblichkeitswahn frei zu machen, übernahm der Schönheitsmythos dessen Funktion als Instrument sozialer Kontrolle.«[2]

Hilal Sezgin hat das in der *taz* mal so formuliert, dass Frauen in Fernseh-Talkrunden»immer mit dem ganzen Körper und ihrer Persönlichkeit ›präsent‹ sind« – und Männer nicht:»Ein Mann verschwindet in seinem Anzug und wird zum neutralen, quasi körperlosen Verlautbarer seiner Meinung. In das Urteil über Frauen hingegen fließen Aussehen, Kleidung, Gestik ein. Wie redet sie, wie sitzt sie da, wie häufig lächelt sie?«[3]

Dieses Verschwinden von Männern in einer nahezu körperlosen Neutralität führt dazu, dass es bisweilen schon als beleidigend wahrgenommen wird, wenn man jemanden als»mittelalten, weißen, heterosexuellen Mann« bezeichnet. Als wäre auch nur eines dieser Merkmale an sich etwas Schlechtes. In den allermeisten Fällen ist die Beschreibung nicht negativ gemeint, sondern die neutrale Benennung einer gesellschaftlichen Gruppe, so wie in der Soziologie manchmal von Kohorten die Rede ist oder von Milieus, weil damit Menschen beschrieben werden sollen, die ein paar Eigenschaften teilen. Und es mag viele mittelalte, weiße, heterosexuelle Männer geben, denen es schlecht geht, aus welchen Gründen auch immer, aber es geht ihnen dann nicht schlecht, weil sie aufgrund *dieser* Eigenschaften diskriminiert würden. Vielleicht werden sie als arbeitslose, behinderte, arme oder dicke Menschen diskriminiert, aber kein weißer, heterosexueller Mann wird bei Polizeikontrollen wegen seiner Hautfarbe generell als Erster untersucht oder erschossen, und er muss wahrscheinlich keine Angst haben, sich auf der Straße mit der Person zu zeigen, die er liebt.

Es kommt zwar vor, dass vom mittelalten, weißen Mann als Verlierer, Täter und Sündenbock die Rede ist, als rückständiges Evolutionshemmnis und Auslaufmodell, das aus Frust Rechtsradikale wählt. Aber man braucht erfahrungsgemäß gar nicht so weit zu gehen. Die bloße Erwähnung, dass jemand mittelalt, weiß, männlich und heterosexuell ist, reicht oft aus, um eben jene Männer fuchsig zu machen. Das ist manchmal tragisch lustig und oft auch nachvollziehbar: weil es nervt. Es macht selten Spaß, als etwas bezeichnet zu werden, das wie eine Minderheit klingt, und es macht selten Spaß, auf bestimmte Eigenschaften reduziert zu werden, die man sich nicht ausgesucht hat. Jeder Mensch ist individueller als eine Zusammenstellung von Geschlecht, Sexualität, Alter und Hautfarbe.

In den letzten paar Tausend Jahren mussten weiße, mittelalte, heterosexuelle Männer es sich nicht bieten lassen, in aller Öffentlichkeit »weiße, mittelalte, heterosexuelle Männer« genannt zu werden. Das ändert sich jetzt, weil der weiße, mittelalte, heterosexuelle Mann nicht mehr in allen Bereichen als unhinterfragbare erste und einzige Wahl gilt. Wenn ein Vorstand oder ein Podium ausschließlich mit solchen Männern besetzt wird, dann ist das inzwischen mitunter zu Recht peinlich, und zwar nicht, weil es schlecht wäre, mittelalt, weiß, männlich und heterosexuell zu sein, sondern weil die Öffentlichkeit sich langsam (sehr langsam) daran gewöhnt, auf wichtigen Posten eine etwas repräsentativere Mischung von Leuten zu sehen.

Aber gleichzeitig kann das miese Gefühl, das sich bei einigen Leuten einstellt, wenn sie »weiße, mittelalte, heterosexuelle Männer« genannt werden, einen Hinweis geben, in welche Richtung wir uns bewegen sollten, wenn wir eine diskriminierungsfreie Gesellschaft wollen: Wer nämlich einmal verstanden hat, wie unwohl man sich fühlen kann, so auf Geschlecht, Alter und Sexualität reduziert zu werden, kann sich überlegen, dass es für andere möglicherweise genauso unangenehm ist.

Es gibt Feministinnen, die darauf bestehen, dass es zwischen Frauen und Männern grundlegende Unterschiede gibt – und weiterhin geben wird –, die man anerkennen sollte. Das ist nicht meine Auffassung von Feminismus. In meiner Definition kommen nicht mal explizit Männer oder Frauen vor: Für mich bedeutet Feminismus, dass alle Menschen unabhängig von ihrem Geschlecht, ihrer Sexualität und ihrem Körper dieselben Rechte und Freiheiten haben sollen.

Und trotz aller negativen Reaktionen, die ich bis jetzt beschrieben habe, ist das allerdings auch eine Sichtweise, die sich langsam, aber sicher immer mehr durchsetzt. Das ist – neben Whiskypaketen und schönen Kommentaren – eine der großartigen Sachen, die passieren, wenn man heute als Feministin politische Texte schreibt: Bei sehr vielen Menschen, die diese Texte lesen, genügen einige wenige Hinweise oder Anregungen, damit sie ein diffuses Unwohlsein, das sie ohnehin haben, selbst artikulieren können. Obwohl ich zum Beispiel in meinem Buch *Untenrum frei*[4] viele sehr persönliche, spezielle Geschichten von mir selbst erzählt habe – vom Aufwachsen als Mädchen, von Schminkversuchen und vom Unterwäscheklauen in der Pubertät, von ersten Beziehungen, von Essstörungen und sexualisierter Gewalt, von Jobsuche und so weiter –, konnte ich sehr bald die Frauen nicht mehr zählen, die mir sagten: Genau das habe ich auch erlebt.

Es ist ein entsetzlicher Jammer, dass ein grundlegendes Wissen über Geschlechterbeziehungen und wie sie sich verfestigen (noch) nicht zur Allgemeinbildung gehört. Es ist falsch, dass man die Schule beenden kann, ohne zu lernen, wofür Feministinnen zu verschiedenen Zeiten an verschiedenen Orten gekämpft haben und wovon wir alle heute profitieren. Zum Beispiel ist es immer noch sehr verbreitet, keine Ahnung davon zu haben, welches die grundlegenden Einsichten der sogenannten zweiten Welle des Feminismus waren, also der Frauenbewegung der 1970er-Jahre, unter anderem der Satz »Das Private ist politisch«.

Es gibt nicht wenige Talksendungen, die an diesem Punkt nicht weiterkommen: zu verstehen, dass bestimmte problematische Erfahrungen und Ungerechtigkeiten nicht im Kleinen lösbar sind. Dass sich ungleiche Aufgabenverteilungen in Beziehungen nicht auflösen, indem jedes Paar ständig von Neuem streitet, sondern dass die ganze Gesellschaft sich verändern muss. Dass sexualisierte Gewalt nicht aufhört, wenn Frauen nachts ein Taxi nehmen, statt zu laufen, sondern wenn wir das ändern, was wir jungen Menschen über Sex und Einvernehmen beibringen, und wenn niemand mehr das Gefühl hat, er hätte das Recht, in die körperliche Selbstbestimmung eines anderen einzugreifen. Und so weiter.

Ich habe das Wissen um solche gesellschaftlichen Zusammenhänge in einem Text mal mit dem Wissen um Käseherstellung verglichen: Ich wünsche mir, dass es peinlich wird, nichts über feministische Kämpfe und Geschlechterungerechtigkeiten zu wissen, so wie es peinlich ist, nicht zu wissen, dass Käse nicht im Kühlregal wächst. Es sollte zum Allgemeinwissen gehören, dass am Anfang eine Kuh im Spiel ist, oder eben: Sozialisation und Herrschaft.

Denn dass alle Leute Frauen und Männer kennen, führt leider auch dazu, dass viele denken, sie wüssten eh von Hause aus Bescheid in Geschlechterfragen, es gäbe darüber nicht so viel zu sagen, und man könnte mit dem Wissen über Geschlechterrollen und -mythen nicht unzählige Bücherregale füllen. Aber auch das ändert sich.

Einmal sagte mir ein Mann, der zu einer Lesung von mir gekommen war, in der anschließenden Diskussion, er müsse mir mal eine Frage stellen. Er sei Unternehmer und müsse gelegentlich Bewerbungsgespräche führen, und da hätte er dann manchmal Männer und manchmal Frauen sitzen. Er sei zwar generell für Gleichberechtigung, aber ich müsse ihm ja wohl beipflichten, dass es dumm wäre, wenn er eine Frau einstellen würde, die Mitte 20 ist und womöglich bald schwanger wird, weil die ja dann für eine ganze Weile ausfalle, und dann müsste er eine Vertretung suchen und so weiter. Es sei ja wohl *rein rational* und *logisch* einfach sinnvoller, den Mann einzustellen. Ob ich dem nicht dann doch zustimmen würde? Ich könne ja nicht widersprechen, dass es immer noch Frauen sind, die Kinder gebären. – Ja, meistens. Ich antwortete ihm, dass ich es gar nicht so rational finde, ein Menschenbild zu haben, bei dem ausschließlich Frauen sich um ihre Kinder kümmern und Männer nicht. Und dass ich ein Unternehmen, dessen Norm der Mann ist, der sich nicht um seine Kinder kümmert, nicht *logisch* geführt finde, sondern einfach *falsch*. Es ist ja auch für die Männer, die Mitte 20 sind und vielleicht Vater werden wollen, nicht so nett, wenn man davon ausgeht, dass sie schlechte Väter werden.

Das ist etwas, was ich dieser Gesellschaft als Erkenntnis wünsche, wenn ich feministische Texte schreibe: Etwas, das Frauen schadet und sie in ihrer Freiheit und Entwicklung einschränkt, kann auch für Männer nie so richtig gut sein. Das ist dann jedes Mal nur die trügerische Art von Gewinn, von der es in einem Lied von Jens Friebe heißt: »It feels like I lose when I win.«

Anmerkungen

1 Simone de Beauvoir: *Das andere Geschlecht. Sitte und Sexus der Frau.* Reinbek 2000, S. 12.

2 Naomi Wolf: *Der Mythos Schönheit.* Reinbek 1993, S. 13.

3 Hilal Sezgin: »Die emanzipierte Redaktion«, in: *taz* vom 29.10.2014.

4 Margarete Stokowski: *Untenrum frei.* Reinbek 2016.

Christina von Braun
Anti-Genderismus
Über das Feindbild Geschlechterforschung

Die zweifellos größte Veränderung der letzten 40 Jahre auf dem Gebiet
von Geschlecht ist das Nachlassen sexueller Eindeutigkeiten. Das hatte
einerseits zur Folge, dass auch das männliche Geschlecht in den Fokus
der Betrachtung rückte; andererseits verwandelte sich die Frauenforschung zunehmend in Geschlechterforschung – oder Gender Studies.
Die Aufhebung der Geschlechterpolarität stößt auf beträchtlichen Widerstand und führt manchmal zu einer gewissen Blindheit der politischen
Analyse. So wurden nach der letzten Bundestagswahl die unterschiedlichen Wahlerfolge der AfD in Ost- und Westdeutschland ausführlich
thematisiert, doch der breite Graben, der sich zwischen der männlichen
und der weiblichen Wählerschaft der AfD auftat, fand wenig Beachtung.
Das gilt auch für den durchaus weiterführenden Aufsatz von Ines Geipel,
die in der *Welt am Sonntag* zwar den männlichen Ossi thematisierte
(also Geschlechterbilder in die Betrachtung der Wahlergebnisse einbezog), aber letztlich war auch bei ihr die Mauer zwischen Ost und West
das prädominante Erklärungsmuster.[1]

Dabei verlangt die Tatsache, dass die AfD auch in Bayern und Ba-
den-Württemberg beträchtliche Wahlgewinne einfuhr und populisti-
sche Bewegungen in Ländern ohne Teilungsgeschichte wie Frankreich,
Niederlande, USA erfolgreich sind, nach anderen Erklärungsmustern.
Meiner Ansicht nach liegt das Bemerkenswerte an der Bundestagswahl
von September 2017 woanders: Die Programme der AfD sind einerseits
ein Plädoyer für »traditionelle Werte«, darunter eine größere Geschlech-

terpolarität. Andererseits gingen solche Forderungen historisch immer mit dem Versuch einer Homogenisierung der Gemeinschaft einher. Der Zusammenhang von völkischer Einheit und Geschlechterhierarchie ist geradezu paradigmatisch im Nationalismus des 19. Jahrhunderts zu studieren. Im deutschen Herbst 2017 ergab sich jedoch die Situation, dass die Forderung nach geschlechtlicher Eindeutigkeit das *Auseinanderfallen* der nationalen Einheit begleitete. Das war neu und verlangt nach neuen analytischen Kategorien.

Dieser Sonderfall wird noch dadurch verschärft, dass die Kritik an der Kategorie Gender (die gern als Ursache für die Auflösung der Geschlechtergrenzen gilt) aus sehr unterschiedlichen Richtungen kommt. Bei den Gegnern der Frauenbewegung und -forschung vor 40 Jahren war es einfacher. Ob sie dem rechten oder dem linken Spektrum angehörten, in einem waren sie sich einig: Dass Frauen fürs Kaffeekochen zuständig sind, galt als normal, ja biologisch verankert. Bei der Frage von Gender ist das anders: Hier bläst der Gegenwind aus so unterschiedlichen Richtungen, dass ein gemeinsamer Nenner kaum auszumachen ist.

Wer sind die Gender-Gegner?

- Da wäre zunächst die katholische Kirche zu nennen. Als 2011 in den französischen Schulbüchern die sexuelle Identität nicht nur biologisch, sondern auch soziokulturell erklärt werden sollte, protestierten 100 Politiker der konservativen, katholisch geprägten UMP lautstark. Es handle sich um eine »unwissenschaftliche These«, schrieben sie,[2] und sie erhielten Rückendeckung vom französischen Berater des Vatikans für Familienfragen, der Gender als eine »totalitäre Ideologie« beschrieb, »die repressiver und schädlicher als der Marxismus ist«.[3] Später stimmte auch Papst Franziskus in den Kanon ein, als er der Gender-Theorie vorwarf, einen »Weltkrieg zur Zerstörung der Ehe« zu führen.[4] In Deutschland unterstellt die katholische Publizistin Gabriele Kuby den Gender Studies, nicht nur die »überlieferten Wertsysteme aller Kulturen und Religionen zu zerschlagen«, sondern sogar die Weltherrschaft anzutreten. »Was einst der ›dialektische Materialismus‹ an den Hochschulen der DDR war, das ist heute die Gender-Ideologie an den Ausbildungsstätten des akademischen Nachwuchses, welche sich darauf vorbereiten, die Führungspositionen in dieser Gesellschaft zu übernehmen.«[5] Ihr Buch *Die globale sexuelle Revolution. Zerstörung der Freiheit im Namen der Freiheit* wird von der katholischen Kirche vertrieben und wurde zu Hunderten von Exemplaren an Politiker versandt. Für Kuby ist Gender ein »neuer Totalitarismus«, der »insbesondere gegen Christen gerichtet« sei.[6]

- Auf der evangelischen Seite ist das Urteil eher gespalten. Während der Ratsvorsitzende der EKD, Heinrich Bedford-Strohm, in der Homo-Ehe (die eng mit der Flexibilisierung der Geschlechterkategorien zusammenhängt) eine Werbung für die Einrichtung Ehe überhaupt sieht, gehörte Angela Merkel bei der Parlamentsabstimmung im Juli 2017 über die Ehe für alle zu denen, die gegen die Gesetzesänderung stimmten. Allerdings hatte sie selbst die Parlamentsabstimmung zu dieser Frage eingeleitet. Die Evangelikalen (die vor allem in den USA eine wichtige Rolle spielen) sprechen sich strikt dagegen aus.
- In der Politik wird der Anti-Genderismus inzwischen in die Parteiprogramme fast aller populistischen Parteien Europas und rechter Bewegungen in den USA geschrieben.[7] Aber es gibt auch Ausnahmen. So hat Geert Wilders' rechtspopulistische Partei für die Freiheit keine Einwände gegen die liberale Gesetzgebung der Niederlande zu Geschlechterfragen, wohl aber instrumentalisiert er diese Liberalität, um gegen den Islam zu polemisieren.[8]
- Konservative Intellektuelle wie der Franzose Dominique Venner werfen wiederum die Aufhebung der alten Geschlechterordnung in einen Topf mit der Unterwanderung der französischen Gesellschaft durch den Islam. Am 21. Mai 2013 erschoss er sich vor dem Hochaltar der Kathedrale Notre-Dame de Paris. Zuvor hatte er einige Briefe auf den Altar gelegt und auf seinem Blog verkündet, dass nun endlich »Taten den Worten folgen« müssen. Venner hinterließ eine Art testa-

mentarisches Radiogespräch, in dem er sagte: »Ich liebe das Leben und erwarte nichts darüber hinaus, wohl aber hoffe ich auf die Perpetuierung meiner Rasse und meines Geistes.« Zu Venners Feindbildern gehörten Angst vor Überfremdung wie auch das gerade von der französischen Nationalversammlung erlassene Gesetz zur Legitimierung der Homosexuellen-Ehe. »Ich erhebe mich gegen die Vergiftung der Seele und das wuchernde Begehren von Einzelnen, das unsere Identitätsverankerung und vor allem die Familie zerstört.«[9]

■ Die deutsche Schriftstellerin und Literaturkritikerin Sibylle Lewitscharoff wiederum sieht das Abendland aus einer anderen Ecke bedroht. Am 2. März 2014 hielt sie einen Vortrag im Staatsschauspiel Dresden, in dem sie polemisch gegen lesbische Paare, die »sich ein Kind besorgen«, indem ein anonymer oder befreundeter Mann »herangezogen wird, um sein Sperma abzuliefern«, wettert. Sie erhebt sich gegen die »Selbstermächtigung der Frauen«, für die es zweifellos »am schönsten« wäre, »man könnte den Samen selbst auch noch künstlich erzeugen und mit einem im Voraus definierbaren Bündel an erwünschten Merkmalen ausstatten«. (Die Elternschaft männlicher homosexueller Paare thematisiert sie seltsamerweise gar nicht.) Sie attackiert ganz allgemein die Praxis der Reproduktionsmedizin: Diese sei »vom Teufel ersonnen«; die Kinder, die auf »solch abartigen Wegen« entstehen, werden von ihr als »Halbwesen« und »nicht ganz echt« bezeichnet: »zweifelhafte Geschöpfe, halb Mensch, halb Weißnichtwas«.[10] (Lewitscharoff, die sich, wie Venner, auf die Werte der christlichen Gesellschaft beruft, übersieht freilich, dass ein Gutteil der modernen Reproduktionsmedizin wie die säkulare Umsetzung christlicher Dogmen daherkommt. Besonders deutlich zu erkennen an der Jungfrauengeburt, bei der dank In-vitro-Fertilisation aus einer christlichen Lehre praktizierte Medizin geworden ist – eine Erbschaft, die sich einige Teilnehmer der großen Pariser Demo von 2013 für die Zulassung der Homo-Ehe nicht entgehen ließen: Sie trugen ein Transparent mit der Aufschrift: »Jésus avait deux pères et une mère porteuse« – Jesus hatte zwei Väter und eine Leihmutter.)

- Der Anti-Gender-Diskurs der Konservativen hindert einige Links-liberale und Aufgeklärte nicht, die Gender Studies wiederum für den Aufstieg der Populisten verantwortlich zu machen. So etwa Hans Monath, der im Dezember 2016 im *Tagesspiegel* schrieb: »Wer als Scheinselbstständiger zwölf Stunden am Tag Amazon-Pakete ausfährt, wer das Geld für die Klassenfahrten seiner Kinder nicht aufbringen kann, auch wer ein gutes Einkommen hat, aber von Abstiegsängsten geplagt wird, empfindet die Emanzipationsideale der gut ausgebildeten, linksliberalen Eliten schnell als Kriegserklärung von oben.«[11] Da liegt die Gegenfrage nahe: Wer leidet eigentlich an Kinderarmut? Es sind vor allem die Kinder alleinerziehender Mütter. Wer wird von Abstiegsängsten geplagt, wenn nicht die vielen Frauen, die von einem befristeten Vertrag zum nächsten um ihre existenzielle Grundlage bangen müssen und angesichts von mütterlich bedingten Halbtagsjobs auf kleine Renten und Altersarmut zugehen? Von wenig anderen politischen Bewegungen werden solche Fragen sozialer Ungerechtigkeit deutlicher formuliert als von Feministinnen und den Gender Studies – aus dem einfachen Grund, dass hier die Betroffenheit am größten ist.
- Auch von feministischer Seite wird Kritik an der Kategorie Gender vorgebracht. Der Vorwurf lautet, es handle sich um einen Verrat an der Frauenbewegung. In der Ausgabe der *Feministischen Studien* zu ihrem 30-jährigen Bestehen ist zu lesen: »Die dekonstruktivistische Infragestellung der Geschlechter hat es vielleicht noch mehr als männliche Machtmonopole, Kleidervorschriften und Diskreditierungen des Weiblichen vermocht, die Existenz von Frauen als erkennbare Subjekte, als soziale und politische Kategorie zu vernichten.«[12] Zwar ist es richtig, dass die Geschlechterforschung seit etwa 20 Jahren das Gebiet der Frauenforschung erheblich erweiterte, indem sie auch »andere sozial wirksame Differenzen (wie Ethnizität, Klasse, Bildung, Alter, Gesundheit usw.)« in die Betrachtungen einbezog.[13] Aber erstens entspricht der Zusammenhang zwischen diesen Kategorien der sozialen Realität. Und zweitens kenne ich selbst keine einzige Gen-

derforscherin, die nicht zugleich auch in Fragen der Geschlechtergerechtigkeit unterwegs wäre. Aus Gender und Feminismus einen Gegensatz zu machen, ist nicht sehr produktiv, verhindert aber nicht, dass die Gegner von Frauenforschung und Gender Studies beides in einen Topf werfen.

- Aus einer weiteren feministischen Ecke kommt der Vorwurf, dass die Gender Studies durch ihre Beschäftigung mit Rassismus, Kolonialismus und Klassenzugehörigkeit kulturrelativierend seien, ja sogar der »Islamisierung« Deutschlands Vorschub leisten. Folgt man dieser Ausprägung des Feminismus, zu der auch Alice Schwarzer zu rechnen ist, gehört zum echten Feminismus eine gute Portion Islamophobie. Bei dieser Position ergibt sich einerseits eine überraschende Übereinstimmung mit den Positionen des Vatikans, der schon 2005 »die Frauenrechte« entdeckte, indem er christliche Frauen vor der Entmündigung warnte, die ihnen durch die Eheschließung mit Muslimen droht.

- Andererseits ergibt sich aber auch ein noch erstaunlicherer Einklang mit den antiislamischen Positionen der »Antideutschen«. (Die »Antideutschen« stellten ursprünglich eine Bewegung der extremen Linken mit stark antinationalistischer Komponente dar, die im Kontext der RAF entstand. Sie durchlief dann eine Entwicklung über neoliberale Positionen und vertritt heute dezidiert pro-israelische Positionen, die allerdings vor allem dazu da sind, den Islam zu bekämpfen. Zu Recht schrieb Moshe Zuckermann, die Antideutschen missbrauchten Israel als »pure Projektionsfläche für eigene Befindlichkeiten«.[14]) Die antideutsche Bewegung hat sich nun auch die Gender Studies vorgeknöpft, weil diese – etwa in den Schriften von Sabine Hark, Paula-Irene Villa,[15] Gabriele Dietze[16] oder auch von Bettina Mathes und mir[17] – ein reflektiertes Verhältnis zum Islam einfordern und etwa nach der Kölner Silvesternacht davor warnten, die Ereignisse für eine allgemeine Hetze gegen muslimische Männer zu instrumentalisieren. Einem, der in seiner politischen Argumentation den antideutschen Positionen nahesteht, Vojin Saša Vukadinović, stellte Alice

Schwarzer die Plattform *Emma* für eine entsprechende Polemik gegen Gender zur Verfügung. Auf deren Inhalte hat Paula-Irene Villa ausführlich im *Missy Magazine* geantwortet; die Replik ist dort nachzulesen.[18] Zum Autor Vukadinović gibt es anzumerken, dass er drei Jahre lang ein Stipendium in einem von der DFG geförderten Graduiertenkolleg »Geschlecht als Wissenskategorie« erhielt (er wollte eine Dissertation zur RAF als Projektionsfläche für Geschlechterbilder schreiben), dann mehrere Jahre lang eine Stelle als wissenschaftlicher Mitarbeiter am Gender-Lehrstuhl von Andrea Maihofer in Basel innehatte. Er wurde also etliche Jahre von den Gender Studies finanziert, nur seine Dissertation hat er bis heute nicht vorgelegt (nach meinem Kenntnisstand Sommer 2017). Es besteht also eine gewisse Bringschuld, und man kann sich fragen, ob Vukadinović – in einer Verdrehung, die man auch aus anderen Kontexten kennt – Schulden in Beschuldigungen verkehrte. Während die Personalie Vukadinović eher anekdotischen Charakter hat, hat die Nähe von *Emma* und antideutschen Positionen eine gewisse politische Relevanz.

- Darüber hinaus tun sich neuerdings noch andere Antagonismen auf: etwa die von Schwulen und Lesben, die zwar die von Genderaktivisten erkämpften Rechte und sozialen Errungenschaften in Anspruch nehmen, doch die Erkenntnisse der Gender Studies (etwa jene zur Interdependenz von Rasse, Klasse und Geschlecht) aus dem akademischen und öffentlichen Leben verbannt sehen wollen. Alice Weidel von der AfD ist dafür ein gutes Beispiel.

Wollte man versuchen, eine Gemeinsamkeit zwischen diesen verschiedenen politischen und ideologischen Kritiken an Gender zu finden, so wäre sie wohl nur mit dem Schlagwort »Weltmacht Gender« zu erfassen. Das ist schon ein gewaltiges Kompliment für ein Fach, von dem (direkt oder indirekt) maximal 0,4 bis 0,5 aller Professuren Deutschlands betroffen sind und dessen Forschungsanträge bei der DFG im Schnitt ebenso erfolgreich oder erfolglos sind wie die anderer Fächer.[19]

Zur politischen Kritik kommt noch eine aus den Naturwissenschaften, vor allem der Biologie. Laut dieser ignorieren die Gender Studies die »Fakten der Natur«, indem sie durch das Beharren auf dem sozialen Geschlecht die biologischen Gegebenheiten des männlichen und weiblichen Körpers verleugnen. Bedauerlicherweise leidet diese naturwissenschaftliche Argumentation an einer gewissen historischen Amnesie.

Naturwissenschaft und Geschlecht

Vor etwas mehr als 200 Jahren begannen die Naturwissenschaften, ihr Augenmerk auf die Zeugungs- und Fortpflanzungsfrage zu richten. Zwar hatten die Menschen schon seit Jahrtausenden Tiere gezüchtet und wussten um die Reproduktionsvorgänge. Beim Menschen galt aber explizit oder implizit noch immer die alte aristotelische Lehre, laut der der männliche Samen (der sich für Aristoteles aus einem »himmlischen Stoff« ableitete) den »Bewegungsanstoß« gibt und der weibliche Körper den »Acker« liefert, auf dem dieser Samen gedeihen kann: Wenn er sich erfolgreich durchsetzt, kommt es dabei zu einem männlichen Sprössling, bei weniger Durchsetzungsvermögen reicht es nur für weiblichen Nachwuchs. Ab dem späten 18. Jahrhundert begann die Forschung jedoch zu zeigen, dass der männliche Samen nicht höheren, sondern »nur« biologischen Ursprungs ist. 1830 wurde dann der Eisprung entdeckt; kurz darauf kam es zur Erkenntnis der Zellteilung, und um 1875 konnte man, dank verbesserter Mikroskopiertechnik, den Akt der Verschmelzung von Sperma und Eizelle tatsächlich sehen. Innerhalb weniger Jahrzehnte musste sich die Gesellschaft der Erkenntnis stellen, dass am Zeugungsakt beide Geschlechter gleichermaßen beteiligt sind.

Diese Einsicht hatte Konsequenzen für die Anerkennung der Frauenrolle: Da sich im Nachwuchs das biologische Erbe beider Geschlechter wiederfand, musste auch das juristische Erbe gleich verteilt werden. Das ererbte Vermögen stand beiden zu. (Es ist interessant, dass sich Kapital und Biologie derselben Begriffe bedienten.[20]) Dies war ein wichtiger (selten formulierter, vielleicht nicht einmal bewusster) Hintergrund für die Veränderung der Frauenrolle. Er erklärt die mentalitätsgeschichtlich einmalige Geschwindigkeit, mit der Frauen das Wahlrecht erhielten, zu akademischer Ausbildung zugelassen wurden und über ihr Schicksal selbst zu bestimmen begannen. Doch den Anstoß zu dieser Veränderung lieferten *nicht* Feministinnen (die vielmehr die den Frauen gebotene Chance ergriffen), sondern durchweg männliche Forscher, die sich in die Zeugungsvorgänge vertieft hatten. (Frauen waren zu dieser Zeit noch gar nicht in den Labors zugelassen.) Mit dieser Entwicklung entstand die erste Auflösung der traditionellen Geschlechterpolarität: Frauen wurde Zugang zu höherer Bildung eröffnet, sie erhielten das Stimmrecht und durften sogar ein eigenes Konto führen.

Die Zeugungsforschung bot aber noch mehr: Sie ermöglichte auch die Trennung der Fortpflanzung vom Sexualtrieb. Während auf der einen Seite die Fortpflanzung ins Labor abwanderte, wo sie zunächst als Eugenik, später als Genetik und Reproduktionsmedizin das Gebiet der Reproduktion besetzte, entstanden auf der anderen Seite die Sexualwissenschaften, die eine Eigenständigkeit des Sexualtriebs behaupteten – und am Beispiel der Homosexualität belegen konnten. Aus diesen Erkenntnissen entwickelte sich dann allmählich eine politische Bewegung, die zunächst die Entkriminalisierung, dann die Tolerierung der Homosexualität ermöglichte und zuletzt die Ehe für alle ins Gesetzbuch schrieb. Und auch hier lag der Auslöser der Entwicklung nicht bei den homosexuellen Aktivisten (die, wie die Frauen im Kampf um Gleichberechtigung, ihre Chance ergriffen), sondern bei den (weit überwiegend heterosexuellen) Zeugungsforschern. Über deren Antriebskraft kann man nur spekulieren: Sie bestand vermutlich in der Ermächtigung über die Reproduktion – und vielleicht auch in der Erbringung des sicheren Vaterschaftsbeweises. Denn dank der Genetik ist dieser seit 1984 möglich: Zum ersten Mal in der Menschheitsgeschichte gibt es heute einen *pater certus*. (Allerdings dient der Nachweis bisher eher zur Abwendung als zur Reklamation von Vaterschaftsverantwortung.)

Noch eines verdient Beachtung: Beide Forschungen – sowohl die Reproduktionsmedizin als auch die Sexualwissenschaften – nahmen ihren Ausgang weit überwiegend von Deutschland und insbesondere von Berlin aus, von wo dann beide von den Nationalsozialisten vertrieben wurden. Über dieses Kapitel deutscher Geschichte soll aber an anderer Stelle reflektiert werden.

Mit der veränderten Frauenrolle und der Entkriminalisierung der Homosexualität nahmen die Geschlechtergrenzen allmählich jene fließende Form an, die wir heute beobachten. Noch um 1900 wurde bezweifelt, dass Frauen zu politischer Entscheidung, akademischer Bildung und ökonomischer Selbständigkeit fähig seien – begründet wurde dies mit ihrer anatomischen Ausstattung.[21] Nun sind sie in allen Berufen, auf allen politischen Entscheidungsebenen vertreten und gewinnen Nobelpreise für ihre Forschung. Wäre die Natur für die bis dahin bestehende Definition der Geschlechterrollen verantwortlich, so müsste sich innerhalb von weniger als 100 Jahren eine radikale Mutation des weiblichen Körpers vollzogen haben. Zugleich offenbarte die Kürze der Zeit, in der dieser Wandel stattfand, dass die angeblich »natürlichen« Geschlechterrollen nie auf der Natur, sondern immer schon auf der Kultur beruht hatten – anders wäre der rasche Wandel nicht möglich gewesen.

Mit der Einführung der Reproduktionsmedizin ab Ende der 1960er-Jahre wurden die Geschlechtergrenzen noch unschärfer. Es entstanden neue Definitionen von Vaterschaft und Mutterschaft: Neben der sozialen Mutter haben wir es heute mit der genetischen Mutter, der intentionalen Mutter, der Leih- und Tragemutter, der Eizell- oder Mitochondrienspenderin usw. zu tun. Ähnlich gibt es den sozialen Vater, den Samenspender, den juristischen Vater usw. Das Spektrum dürfte sich noch erweitern, denn es gibt schon intensive Forschungen über die Züchtung von Stammzellen (etwa aus der Haut), die in Ei- oder Samenzellen transformiert werden: eine Forschung, die es eines Tages ermöglichen könnte, dass ein und derselbe Mensch (Mann oder Frau) sowohl Vater als auch Mutter eines Sprösslings ist. Die Franzosen haben schon die Konsequenzen gezogen und die Begriffe »Vater« und »Mutter« ganz aus dem Gesetzbuch gestrichen. Im novellierten *Code civil* ist nur noch von Elternteil 1 und Elternteil 2 die Rede.

Interessanterweise fanden bei diesem Prozess Sexualität und Fortpflanzung wieder zueinander, denn Homosexuelle (Schwule wie Lesben) gehören heute zu den wichtigsten Kunden der Reproduktionsmedizin. Diese ganze hier skizzierte Entwicklung bedeutet aber, dass eben jenes Forschungsgebiet, das den Gender Studies vorwirft, die »Fakten der Natur« zu verleugnen, selber jene Neuerungen hervorgebracht hat, die heute viele Menschen beängstigen: Zu Recht, denn nicht nur werden alte Gewissheiten über »die Natur« der Geschlechter infrage gestellt; darüber hinaus wird auch erkennbar, dass die alten Gewissheiten immer schon auf dem schwankenden Boden kultureller (theologischer, politischer, ideologischer) Codes standen. Auch menschheitsgeschichtlich ist diese Veränderung einmalig: Während sich die Kulturtechniken bisher immer einer Natur außerhalb des Menschen bemächtigten, erfährt der Mensch nun auch die Transformierbarkeit am eigenen Leibe. Die Theologen haben den Geist der Menschen umgeformt (und dies in beträchtlichem Maße). Doch die Biologen der Moderne haben in die Physiologie des Menschen eingegriffen. Damit haben sie eben jene Wandelbarkeit des Körpers herbeigeführt, die sie heute den Gender Studies unterstellen.

Da die Manipulationen der Reproduktionsmedizin vor allem den geschlechtlichen Körper betreffen, erstaunt es nicht, dass deren Auswirkungen auch in der Geschlechterforschung diskutiert werden. Erst mit dem Aufkommen der neuen flexiblen Geschlechterdefinitionen im späten 20. Jahrhundert entstanden die Gender Studies, die den großen Transformationsprozess zu entziffern, historisch einzuordnen und in ihren Konsequenzen abzuschätzen versuchen. Das heißt, die Geschlechterforschung ist nicht Ursache, sondern die Folge einer mentalitätsgeschichtlich einmaligen Umwälzung auf dem Gebiet der Geschlechterrollen. Sie ist eingebettet in einen historischen Prozess der naturwissenschaftlichen Forschung, der mit der Aufklärung begann und an dessen Ende die moderne Reproduktionsmedizin steht.

Das Kapital sitzt in den Genen

Mit der naturwissenschaftlichen Kritik an Gender tut sich freilich noch eine weitere Dimension auf, die von politischer und ökonomischer Relevanz ist und zu den populistischen Bewegungen zurückführt, von denen am Anfang die Rede war. Auch dafür muss ich kurz historisch ausholen. In den modernen Gesellschaften hat die freie Wahl einen hohen Stellenwert: Erst seit etwa 1800 gibt es die freie Wahl des Ehepartners, des Wohnortes, des Berufs und (mit Verzögerung) das allgemeine politische Wahlrecht. Bis vor gar nicht langer Zeit war auch die Wahl der Religionszugehörigkeit – und noch mehr die Entscheidung, sich *keiner* Religion anzuschließen – unvorstellbar. Alle Verfassungen der Industrieländer garantieren heute solche Wahlfreiheiten. Nicht durch Zufall zog diese Neuerung parallel zur freien Marktwirtschaft in das Denken der modernen Gesellschaften ein.

Über lange Zeit hieß das große Versprechen dieser Ökonomie: soziale Mobilität. Vor allem die USA boten über 200 Jahre *das* paradigmatische Terrain der Aufstiegsmöglichkeiten. Doch dieses Versprechen hat, wie zahlreiche Studien heute belegen, inzwischen seine Glaubwürdigkeit eingebüßt – in den USA wie anderswo. Die aktuelle Hinwendung zu rechtsextremen Parteien, die allesamt (auf unterschiedliche Weise) die radikale Entsorgung des »Systems« und seiner »Eliten« in Aussicht stellen, hängt mit dieser Stagnation der sozialen Mobilität zusammen.[22] Sie ist die moderne Gestalt der Armut. Politikwissenschaftler und Ökonomen schlagen deshalb eine Neudefinition von Armut vor: Sie sei weniger am Besitz als an den *Chancen* auf Bildung, Arbeit und Gesundheit zu messen.[23] Das heißt, die Stagnation wird wahrgenommen, die Rufe nach radikalen Maßnahmen dagegen werden immer deutlicher artikuliert. Ohne Erfolg. Es ist fast, als warte man darauf, dass eine Revolution die Dinge in die Hand nimmt, und, wie es scheint, *ist* der Drang zum Populismus eben diese neue Art der Revolution.

Für die »Hasslotsen«[24] dieser Revolution (mögen sie Donald Trump, Geert Wilders, Front National, Pegida, FPÖ oder AfD heißen) ist die soziale Mobilität kein Wahlkampfthema. Wohl aber gelingt es ihnen, den Hass auf alle anderen Formen von Mobilität zu lenken: Geschlechterrollen, Geflüchtete, Migration und in vielen Fällen auch und erneut die Gestalt des Juden. Der Zorn soll sich an jeder Art von »flexibler Identität« entladen – in der Hoffnung, dass die soziale Mobilität damit aus dem Blickfeld gerät. In den USA werden die Abstiegsängste weißer Männer der Unterschicht umgeleitet auf Hispanics, Afroamerikaner und Frauen auf dem Weg nach oben – mit Erfolg, wie Arlie Russell Hochschild und andere gezeigt haben.[25]

Für sich selbst reklamieren die kapitalträchtigen Eliten die »Gewinnergene«. So etwa Donald Trump, der hier als paradigmatische Gestalt für diesen Diskurs gelten mag. Während seines Wahlkampfs 2016 wurde er nicht müde zu betonen, dass er »an die Gene glaubt« und dass er seinen Erfolg als Geschäftsmann und Politiker seinen »angeborenen guten Genen« (manchmal auch seinen »winning genes« oder seinem »German blood«) verdankt.[26] Dieser Diskurs, den der Soziologe Michael Hartmann auch für die deutschen Eliten nachgewiesen hat,[27] verortet das erworbene Kapital in der *Physiologie* der Wohlhabenden – womit vermittelt wird, dass soziale Mobilität aussichtslos ist, weil von Geburt an festlegt, wer der »oberen« oder der »unteren« Schicht angehört. Es ist der alte Diskurs der Feudalgesellschaft, nur dass nicht vom »blauen Blut«, sondern von den Genen die Rede ist. Das heißt, der Diskurs der Genetik und deren wissenschaftliches Gewicht werden instrumentalisiert, um den Gedanken einer sozialen Determiniertheit von Wohlstand im öffentlichen Bewusstsein zu verankern. Diese Berufung auf die Genetik ist das Gegenstück zur Abwehr der sozialen Mobilität.

Dies, so möchte ich unterstellen, ist einer der wichtigsten Gründe für die Dämonisierung aller Kategorien, die von den Möglichkeiten einer körperlichen »Flexibilität« erzählen, darunter Migration und Gender. Transformierbare Geschlechtszugehörigkeiten werden, wie beim transnationalen Juden, wie beim Migranten, wie beim Geflüchteten, zum »Gefahrenherd« umfunktioniert. Bei den populistischen Bewegungen verbinden sich alle Arten von Mobilität miteinander: Den konservativen Akademikern bieten sie das Feindbild Gender, den Nichtakademikern das Feindbild Migranten, und allen zusammen bieten sie Schutz vor dem drohenden sozialen Abstieg an, indem sie versprechen, Wall Street und die großen Banken »hinwegzufegen«. So Donald Trump während des Wahlkampfs. Sobald er im Amt war, ernannte er Steven Mnuchin, früher tätig bei der Investmentbank Goldman Sachs, zum Finanzminister. Er berief mehrere Milliardäre in sein Kabinett, darunter als Bildungsministerin die deklarierte Befürworterin eines privaten Bildungssystems, Betsy DeVos. Als Trump bei einem öffentlichen Auftritt gefragt wurde, warum er einem Reichen das Wirtschaftsressort anvertraut habe, antwortete er: »Weil das die Art von Denken ist, die wir brauchen.« Und er fügte einen Satz hinzu, der das Klischee aufgreift, das unter Wohlhabenden oft zu hören ist und laut dem arme Leute »nicht mit Geld umgehen können«. Bei Trump heißt es: »Ich liebe alle Menschen – ob reich oder arm –, aber in diesen besonderen Positionen will ich einfach keine armen Leute.«[28] Auch dieses Klischee impliziert, dass Reichtum einer gewissen »natürlichen Anlage« entspricht.

»I love the uneducated«, wiederholte Trump immer wieder während des Wahlkampfs. Natürlich liebt er die Ungebildeten, denn Bildung gehört zu den wichtigsten Faktoren jener sozialen Mobilität, die er verhindern will. Ähnliches gilt für die Gesundheitsreform, die ebenfalls zum sozialen Ausgleich beiträgt und die er und ein Gutteil seiner Partei abzuschaffen versuchen. Bei der Gesundheit wird die Irreführung der benachteiligten Schichten besonders deutlich: Eine im Jahr 2017 von der Amerikanischen Akademie der Wissenschaften veröffentlichte Studie belegt eine sinkende Lebenserwartung von *weißen* Männern ohne akademische Ausbildung. Obgleich ähnlich schlecht ausgebildete Afroamerikaner und Hispanics ein durchschnittlich niedrigeres Einkommen als diese soziale Gruppe haben, treffen die Ergebnisse auf sie nicht zu. Im Gegenteil: Die Lebenserwartung der Afroamerikaner, auch der ungebildeten, nimmt zu – langsam, aber stetig. Die wachsende Mortalität unter den weißen Männern mittleren Alters ist durch steigende Suizide, Drogenkonsum und Leberzirrhose bedingt. Die Autoren der Studie sprechen von »Verzweiflungstoten«, bei denen es zu einer Akkumulation von Benachteiligungen gekommen sei: Verlust sicherer Arbeitsplätze, Niedergang der Institution Ehe, Aufhebung sozialer Geborgenheit: »Diese Amerikaner haben die Hoffnung verloren.«[29] Eben diese soziale Gruppe trug Donald Trump an die Macht: Zwei Drittel der weißen Wähler ohne Bildungsabschluss hatten für ihn gestimmt; für sie verkörperte er die Hoffnung.[30] In der Realität spülten ihre Hoffnungen einen Mann und eine neue »Elite« an die Macht, die an allem interessiert ist, *außer* am sozialen Aufstieg dieser Wähler.

Der Betrug populistischer Wahlversprechen besteht darin, dass einer Gesellschaft, die an eingeschränkten Zukunftshoffnungen leidet, als Heilung ein Modell angeboten wird, das das *Prinzip* Mobilität infrage stellt. Dabei mutieren alle Kategorien, die von flexibler Identitätspolitik erzählen (wie Gender, Migranten, auch afroamerikanische soziale Aufsteiger), zu Hassfiguren. Nicht die immer wohlhabender werdenden »Eliten« werden angegriffen, sondern die Wut wird auf das »links-rot-grüne versiffte 68er-Deutschland« gelenkt, wie es Jörg Meuthen auf dem AfD-Parteitag im April 2017 formulierte. Folgerichtig ertönt der Ruf nach festen und »natürlichen« Verhältnissen. Der Kampf gegen die kulturelle Wandelbarkeit des Körpers verschleiert, dass es eigentlich um die *Verhinderung* sozialer und ökonomischer Mobilität geht.

In seinem autobiografischen Buch *Rückkehr nach Reims* hat der französische Soziologe Didier Eribon differenziert dargestellt, wie er, der aus einem Arbeitermilieu stammte, immer glaubte, es sei seine Homosexualität, die ihn von der Heimat vertrieben habe – bis er allmählich konstatierte, dass die Scham über seine soziale Herkunft noch viel tiefer saß als seine Scham als Schwuler.[31] In der Psychoanalyse ist das Phänomen der »Deckerinnerung« ein bekanntes Phänomen. In Anlehnung an den Begriff der »Deckerinnerung« möchte ich bei den Angriffen auf Gender von einem »Deckdiskurs« sprechen, der die Tatsache verbirgt, dass mit der Kritik an den flexiblen Geschlechterbildern von Gender zugleich über die flexiblen Grenzen der Klassenzugehörigkeit verhandelt wird.[32] Auch bei den Biologen, die Gender verurteilen, kann von einem Deckdiskurs die Rede sein: Wenn sie bei ihrem Rekurs auf die angeblichen »Fakten der Natur« ihre eigene Rolle bei der Veränderung dieser Fakten vergessen machen, werden sie zu den Handlangern eines politischen Klassenkampfes, der das Kapital in den Genen verorten möchte.

Anmerkungen

1 Ines Geipel: »Der unbegrenzte Mann«, in: *Welt am Sonntag* vom 01.10.2017.

2 *Le Monde* vom 30.08.2011.

3 *Le Monde* vom 12.09.2011.

4 *Tagesspiegel* vom 04.10.2016.

5 Gabriele Kuby: *Die globale sexuelle Revolution. Zerstörung der Freiheit im Namen der Freiheit.* Mit einem Vorwort von Robert Spaemann. Kißlegg 2012, S. 160.

6 Ebd., S. 19. Zur ganzen Debatte über Gender und Wissenschaft hat die Heinrich-Böll-Stiftung (Gunda-Werner-Institut) 2012 eine Broschüre herausgegeben, in der einige polemische Texte wie der von Kuby analysiert werden: https://www.boell.de/sites/default/files/gender_wissen schaftlichkeit_ideologie_2.auflage.pdf

7 Sabine Hark, Paula-Irene Villa (Hrsg.): *Anti-Genderismus. Sexualität und Geschlecht als Schau plätze aktueller politischer Auseinandersetzungen.* Bielefeld 2015.

8 Paul Mepschen: »A post-progressive nation: Homophobia, Islam, and the new social question in the Netherlands«, in: Achim Rohde, Christina von Braun, Stefanie Schüler-Springorum (Eds.): *National Politics and Sexuality in Transregional Perspective. The Homophobic Argument.* New York, Oxon 2018, S. 19–38.

9 *Le Monde* vom 23.05.2013.

10 Sibylle Lewitscharoff: »Von der Machbarkeit. Die wissenschaftliche Bestimmung über Geburt und Tod«, in: *Dresdner Reden.* Veranstaltungsreihe des Staatsschauspiels Dresden und der *Sächsischen Zeitung*, 02.03.2014, S. 12 f.

11 Hans Monath: »Der Hochmut der Vernünftigen. Offene Gesellschaften kann man auch zu Tode verteidigen. Wer in der Krise das Tempo des liberalen Kulturkampfes steigert, stärkt vor allem die Gegenkräfte«, in: *Tagesspiegel* vom 11.12.2016.

12 Gabriele Kämper: »Vom Verschwinden der feministischen Theorie mit ihrem Gegenstand«, in: *Feministische Studien*, Heft 1, Mai 2013.

13 So die Definition von Gender Studies, die am 09.10.2017 von der Fachgesellschaft Gender Studies publiziert wurde: https://www.fg-gender.de/wp-content/uploads/2017/10/Statement_ FG-Geschlechterstudien-Gender-Studies-in-der-Diskussion.pdf

14 Moshe Zuckermann: »Was heißt: Solidarität mit Israel?«, in: Gerhard Hanloser (Hrsg.): »*Sie waren die Antideutschesten der deutschen Linken*«. *Zu Geschichte, Kritik und Zukunft antideutscher Politik*. Münster 2004.

15 Sabine Hark, Paula-Irene Villa: *Unterscheiden und herrschen*. *Ein Essay zu den ambivalenten Verflechtungen von Rassismus, Sexismus und Feminismus in der Gegenwart*. Bielefeld 2017.

16 Gabriele Dietze: »›Das Ereignis‹ Köln«, in: *Femina Politica* 2016/1, S. 93–102.

17 Christina von Braun, Bettina Mathes: *Verschleierte Wirklichkeit*. *Die Frau, der Islam und der Westen* (2007), Gießen 2017.

18 https://missy-magazine.de/blog/2017/07/12/the-sargnagel-talks-back-eine-replik-auf-die-emma/

19 Jan-Martin Wiarda: »Wie wissenschaftlich ist die Gender-Forschung?«, in: *Spektrum der Wissenschaft* vom 12.10.2017, http:www.spektrum.de/news/wie-wissenschaftlich-ist-die-gender-forschung/1511235

20 Ausführlicher dazu: Bettina Bock von Wülfingen: *Economies and the Cell. Conception and Heredity Around 1900 and 2000*. Habilitationsschrift. Berlin 2012.

21 Artur Kirchhoff (Hrsg.): *Die Akademische Frau. Gutachten Hervorragender Universitätsprofessoren, Frauenlehrer und Schriftsteller Über die Befähigung der Frau zum Wissenschaftlichen Studium und Berufe*. Berlin 1897.

22 Wie diese Stagnation zustande kommt, stellte die *New York Times International* im Herbst 2017 dar. Der Artikel, der auf der ersten Seite erschien, beschreibt die Karrieren von zwei Frauen, die beide als Putzfrauen begannen: Die eine hatte Mitte der 1980er-Jahre bei dem Konzern Eastman Kodak begonnen, konnte sich – mit Unterstützung der Firma, die bezahlten Urlaub und Fortbildung anbot – IT-Kompetenzen aneignen und ist heute Chief Information Officer bei Mercer, einer großen Beratungsfirma. Die andere Frau dagegen putzt bei der Firma Apple, die – wie viele andere Firmen – Reinigungs- und andere Tätigkeiten an Subunternehmen ausgelagert hat. Diese zahlen weder für Urlaub, noch bieten sie Aufstiegsmöglichkeiten. Die Frau verdient heute – inflationsbereinigt – denselben Stundenlohn wie die Kodak-Angestellte vor 35 Jahren. Dieselbe Entwicklung, so die *New York Times*, betrifft inzwischen nicht nur unqualifizierte Arbeitskräfte, sondern auch Facharbeiter und *white-collar professionals*. *New York Times International* vom 15.09.2017.

23 Siehe u. a.: Philipp Lepenies: *Armut. Ursachen, Formen, Auswege*. München 2017.

24 Den Begriff übernehme ich gerne von Caroline Fetscher, *Tagesspiegel* vom 28.09.2017.

25 Arlie Russell Hochschild: *Eine Reise ins Herz der amerikanischen Rechten*. Frankfurt am Main 2017.

26 Die Internetplattform *Center for Genetics and Society* hat eine Fülle von TV-Aufnahmen mit solchen Aussagen von Trump zusammengetragen: cgs@geneticsandsociety.org vom 17.12.2016. Siehe auch: http://www.huffingtonpost.com/entry/donald-trump-eugenics_us_57ec4cc2e4b0 24a52d2cc7f9; siehe auch: https://www.youtube.com/watch?v=3YhOjAxOxGE

27 Michael Hartmann: *Soziale Ungleichheit. Kein Thema für die Eliten?* Frankfurt am Main 2013.

28 CNN 22.06.2017, http:/edition.cnn.com/201706/22/politics/donald-trump-poor-person.indev.html

29 http//www.pnas.org/content/112/49/15078; siehe auch: https//www.brookingsedu/wp-con tent/uploads/2017/03/6_casedeaton.pdf

30 Nicholas N. Eberstadt: »Our miserable 21st Century«, in: https//www.commentarymagazine. com/articles/our-miserable-21st-century/

31 Didier Eribon: *Rückkehr nach Reims*. Frankfurt am Main 2016.

32 Ausführlicher zum Thema Christina von Braun: *Blutsbande. Verwandtschaft als Kulturgeschichte*. (Berlin 2018, in Vorbereitung).

Tatjana Schönwälder-Kuntze
Antigones Verletzungen
Anmerkungen zum Gender Trouble bei Judith Butler

1990 war ein wichtiges Jahr für Frauen – der Bayerische Verwaltungsgerichtshof entscheidet, dass fürderhin Frauen bei den alle zehn Jahre stattfindenden Oberammergauer Passionsfestspielen ungeachtet ihres Alters und Geschlechts gleichberechtigt auf allen Ebenen mitwirken dürfen. Das war einschneidend. 1990 war auch das Jahr, in dem die Selbstauflösung der Sowjetunion nicht mehr aufzuhalten war – für deren weithin friedlichen Verlauf erhielt Michail Gorbatschow in jenem Dezember den Friedensnobelpreis – und in dem das Apartheidregime in Südafrika entschieden hatte, Nelson Mandela ohne Bedingungen aus der Haft zu entlassen. Das letzte Jahrzehnt des 20. Jahrhunderts wurde also nicht nur mit der Besiegelung des Endes des Staatssozialismus eingeläutet, sondern gleichermaßen mit dem Ende des letzten, explizit auf Rassentrennung beruhenden Staatssystems in Südafrika. Im gleichen Jahr erschien in den USA *Gender Trouble. Feminism and the Subversion of Identity*[1]. Mit leichter Verzögerung erschien auch die deutsche Übersetzung *Das Unbehagen der Geschlechter*, geschrieben von einer unbekannten US-amerikanischen Philosophin namens Judith Butler.

Sie war zu diesem Zeitpunkt 34 Jahre alt und unterrichtete an der George-Washington-Universität als Assistenzprofessorin Philosophie. 1984 war sie mit einer Arbeit über die zeitgenössische französische Hegel-Rezeption in Yale promoviert worden.[2] Ihr Fokus galt der Frage, was die Franzosen aus Hegels (und Spinozas) Vorstellung von Begehren und Anerkennung gemacht hatten. Wen hat das interessiert? Zumindest den Philosophen und Hegel-Kenner Robert Pippin, der eine überschwängliche Rezension über die 1987 veröffentlichte Doktorarbeit verfasst hat – aber sonst? Niemanden – bis zu dem Tag, kann man fast sagen, an dem *Gender Trouble* erschien; ein Buch, das nicht nur Judith Butlers Leben vollständig umgekrempelt hat, sondern irgendwie auch den bis dahin herrschenden feministischen, wenn nicht gar politischen Diskurs überhaupt. Warum? Dazu möchte ich im Folgenden ein paar Überlegungen anstellen, die Butlers Einmischung in die feministische Theoriebildung der zweiten Hälfte des 20. Jahrhunderts als »Ereignis« (in freier Anlehnung an Foucault) auffassen und analysieren.

Warum haben Butlers Analysen solches Gewicht erlangt?

Unter der Prämisse, dass Butler zu einem Kulminationspunkt einer Debatte geworden ist – um die sich auch dieses *Kursbuch* dreht –, und zwar sowohl die Zustimmung als auch die Ablehnung ihrer Analysen betreffend, lautet meine Leitfrage: Warum konnten Butlers Analysen und Thesen ein solches Gewicht erlangen? Denn eigentlich handelt es sich doch um einen sehr philosophischen Diskurs, der gemeinhin im akademischen Elfenbeinturm stattfindet und außerhalb seiner Mauern wenig beachtet wird. Meine erste Vermutung geht dahin, dass Butler zeithistorisch betrachtet mit *Gender Trouble* in ein gewisses Vakuum vorgestoßen ist, das sich daraus ergeben hat, dass die anderen beiden großen gesellschaftsstrukturierenden Unterscheidungen, oder (Analyse-) Kategorien, um es mit der Historikerin Joan Scott[3] zu formulieren, gerade institutionell ihre (vermeintliche) Überwindung zur Schau zu stellen schienen: die »Klasse« mit dem Scheitern des Staatssozialismus und die »Rasse« mit der Beendigung des Staatsrassismus. Was blieb, war und ist bis heute die binäre Geschlechterdifferenz – zusammen mit ihrer vielfachen und vielschichtigen theoretischen Legitimation, aber auch institutionellen Verankerung. Und gerade diese Verknüpfung hat Butler vorgeführt – im doppelten Sinne des Wortes.

Das reicht aber nicht aus für eine philosophische Analyse, wie sie Butler vorgelegt hat, um im medialen Aufmerksamkeitswettbewerb die

Schwelle der Wahrnehmung zu überschreiten. Deshalb geht meine zweite Vermutung dahin, dass der Butler'sche Text etwas zur Sprache gebracht hat, das für einige oder für viele spürbar, aber eben noch nicht präzise formulierbar war: ein Unbehagen mit gängigen Mainstreamerzählungen des Feminismus, die ihrerseits Ausschlüsse produziert und dadurch zahlreiche Verletzungen erzeugt haben. Soll heißen, dass dieser Text irgendwie als Sprachrohr aufgefasst werden konnte, das ausdrückte oder herausschrie, was viele empfanden, die sich eben gerade nicht im feministischen Diskurs repräsentiert sahen. Wobei dieses Unbehagen aufgrund der entstandenen *institutionell-legitimativen* Überwindung der anderen gesellschaftlichen Strukturierungsmuster vermutlich umso lauter zu hören war und auch gehört werden konnte. Hier gab es noch etwas, das neben »Klasse« und »Rasse« grundlegend *philosophischer* Analysen bedurfte: Analysen, die jenseits binärer, scheinbar »natürlicher« Körperlichkeit und gesellschaftlicher Bezogenheit argumentierten, indem sie deren legitimatorische Kraft infrage zu stellen wagten. Das Zeitfenster, in dem es möglich war, mit der Geschlechterproblematik auf diese Art und Weise zu reüssieren, war vermutlich sehr klein. Aus dieser Perspektive konnte das Ereignis *Gender Trouble* also auch stattfinden, weil der Text einfach im geeigneten Moment erschienen war.

Dass Butler ihr kritisches Unbehagen sprachrohrhaft artikulieren konnte *und* damit auch gehört wurde, scheint mir aber zudem einen psychologischen Aspekt zu berühren. Denn Butlers Analysen lösen einen, wenn man so will, zwischenmenschlichen Effekt aus. So scheint es mir, dass es Butler in vielen ihrer Bücher bis heute gelingt, systematische ebenso wie diskursinduzierte Verletzungen, mit denen Menschen aus unterschiedlichsten Gründen persönlich konfrontiert waren oder sind, zu artikulieren und damit auch zuallererst als solche anzuerkennen. Im Schmerz gesehen und gehört zu werden tut gut. Das gelingt, weil ihre Analysen gleichermaßen soziale wie individuelle Dimensionen verknüpfen. Analysen, deren Geltung auch dadurch gewährleistet ist, dass sich viele Menschen in ihnen finden können. Und vielleicht auch endlich Instrumente an die Hand kriegen, um verstehen zu können, was das Leben allen institutionellen Lippenbekenntnissen zum Trotz zuweilen so schwer macht. Beispielhaft sei hier über *Gender Trouble* hinaus auch auf die beiden Studien *Psychic Life of Power* (deutsch: *Psyche der Macht*) sowie *Excitable Speech* (irrigerweise auf Deutsch als *Hass spricht* veröffentlicht) verwiesen.[4]

Diese drei Momente haben meines Erachtens Anteil daran, dass *Gender Trouble* Furore machen konnte. Aber das ist nur die eine Seite des Ereignisses – die Kehrseite ist freilich, dass die kritischen Fragen dieses Buches mitnichten nur Sympathie und Zustimmung hervorgerufen haben. Im Gegenteil – es hat gleichermaßen vehemente Abwehr erzeugt. Auch diese trägt institutionell-gesellschaftliche wie individuell-persönliche Facetten. Denn Butler greift mit ihren Analysen nicht nur patriarchale Strukturen an – sie stellt die gesamte Art und Weise wissenschaftlicher, auf der Natur-Kultur-Differenz beruhender Begründungen infrage. Perfiderweise greift sie aber damit nicht nur die säkular währende Wissenschaft an, sondern auch (scheinbar) überwundene religiöse Legitimationsmuster – so eint sie alte Feinde in ihrer Gegnerschaft ihr gegenüber. Und nicht nur das: Auch die gängigen Prämissen, aufgrund derer politische Teilhabe theoretisiert, die Funktion der Sprache aufgefasst und das gedacht wird, was wir Philosophie nennen, werden durch die Art und Weise, in der Butler Kritik übt, erschüttert. Natürlich ist sie nicht die Erste, die so denkt, spricht und schreibt – aber sie ist diejenige der Poststrukturalist'innen, die nicht nur über die Disziplingrenzen hinaus, sondern ähnlich wie Sartre auch jenseits der Akademien gehört wird. Sodass ihr Sprechen immer machtvoller und damit selbst dem Vatikan ein Dementi wert wurde. Hätte es 1990 noch den *Index Librorum Prohibitorum* gegeben – er wurde 1966 nach dem Zweiten Vatikanischen Konzil aufgelöst –, hätten ihre Bücher sicherlich dort neben René Descartes', Immanuel Kants, Jean-Paul Sartres und Simone de Beauvoirs Titeln ein Plätzchen gefunden. So aber musste der Vatikan sprechen – und hat damit ihrer Stimme wider Willen noch mehr Gewicht im Diskurs verschafft.

Neben diesen immer auch machtsichernden Momenten greifen in Bezug auf die vehemente Ablehnung auch psychologische Erklärungen. Denn manchmal sind die Verletzungen so einschneidend, dass es leichter ist, den Schein zu wahren und sie weiterhin in der Verdrängung zu belassen. Es müssen sogar noch nicht einmal unmittelbare Verletzungen sein, ist doch das Aufdecken falscher oder ideologischer Denkmuster zuweilen schon allein deshalb verletzend, weil sie einen ein Leben lang begleitet haben, die eigene Forschung bestimmt haben, ohne als solche reflektiert worden zu sein. Das ist bitter. Horkheimer hat das 1937 in seinem legendären Aufsatz *Traditionelle und kritische Theorie* noch einmal nach Marx und Engels 1844 in ihrer Ideologiekritik festgestellt.[5] Das bedeutet aber auch, dass Butler nicht nur auf Verletzungen re-agiert hat, die die feministische Theorie durch ihre ausschließenden Legitimationsmuster teilweise hervorgerufen hat. Sondern dass ihre Analysen gleichermaßen verletzend waren, indem sie Identitätssicherheiten, Schutzbehauptungen und Bemühungen um theoretische Begründungen der Gleichwertigkeit von Frauen in ihrer Kritik zunächst nicht ausreichend respektiert hat. Hier könnte man Butler den Vorwurf machen, dass sie bei ihrem eigenen, immer auch ethisch motivierten Streben nach Aufklärung und Offenlegung gesellschaftsstrukturierender Normen und Denkmuster deren Funktionalität – auch in Bezug auf psychische Stabilität – nicht ausreichend gesehen hat. Jedenfalls ließen sich die Adorno-Vorlesungen 2002, die zuerst auf Deutsch unter dem Titel *Kritik der ethischen Gewalt* erschienen sind, auch als reflexive Auseinandersetzung mit ihren eigenen, der Aufklärung geschuldeten Zumutungen anderen gegenüber lesen. Der englische Titel wird vielleicht mit *Giving an Account of Oneself* noch deutlicher.[6]

Was ist das aber für eine Kritik, die irgendwie gegen alles und jeden gerichtet zu sein scheint, sogar gegen die Aufforderung der Moderne, immer selbst zu wissen, warum man wie handelt und wer man ist? Eine Kritik, deren Anspruch darin besteht, *nicht* autodestruktiv, sondern in hohem Maße und immer wieder selbstreflexiv de*konstruktiv* zu sein? Eine Kritik, die kein Ende findet und nicht einmal vor den eigenen

Reihen haltmachen kann – sei es der Feminismus oder aber manche Aspekte der aufklärenden Moderne? Eine philosophische Kritik schließlich, die sich selbst dennoch in der Tradition der Aufklärung und der Moderne situiert und versteht, gerade indem sie weiterhin aufklärt und damit grenzüberschreitend agiert? An diese Fragen will ich mit zwei Überlegungen anschließen: erstens mit Bezug auf den spezifischen Gegenstand »Feminismus« und zweitens mit Bezug auf die spezifische Methode »Kritik der Kritik«.

Kritisch-feministisch: Reflexive Interventionen

Auf den ersten Blick kann die Zielsetzung des Feminismus nicht der Stein des Anstoßes sein, durch den Butler sich so viele Feind'innen gemacht hat. Denn das in *Gender Trouble* geäußerte Unbehagen gilt nicht den Zielen des Feminismus, sondern der Art und Weise, wie sie erreicht werden sollen – oder etwa auch nicht. Vielleicht ist die Erweiterung auf weitere, (scheinbar) gruppenspezifisch einzuordnende andere auch nicht wirklich von allen gewünscht (gewesen) – gibt es doch ein Alleinstellungsmerkmal preis, das manche wegen der Einzigartigkeit als Vorteil betrachtet haben mögen. Jedenfalls versteht sich Butler selbst als Feministin und lanciert ihre Kritik an der feministischen Theorie in der Absicht, diese zu verbessern und nicht etwa zu zerstören. Es geht ihr dabei um die blinde Übernahme derjenigen Denkmuster, die Butler zufolge das gesellschaftliche Problem, dem der Feminismus beikommen wollte und will, stützen, reiterieren, restituieren, legitimieren. Inwiefern tun sie das?

Hervorzuheben sind hier zwei Aspekte: Zum einen hat Butler mit ihren Analysen das Opfer-Täter-Schema außer Kraft gesetzt und damit zum anderen Kollaboration impliziert – wenn sie auch unwillentlich und unwissentlich erfolgt sein mag. Beide Aspekte wurden aber beispielsweise auch von der Erziehungswissenschaftlerin Christina Thürmer-Rohr in *Mittäterschaft und Entdeckungslust* explizit benannt und analysiert.[7] Zwar liegt dort der Schwerpunkt nicht auf (erkennt-nis)theoretischen Kategorien wie bei Butler, aber dennoch formuliert Thürmer-Rohr Thesen, die dem gewohnten, auf Binarität bauenden Opferdiskurs genauso widersprechen wie der entsprechenden Aktiv-Passiv-Differenz. Das hat aber nicht dazu geführt, dass sie auch nur annähernd so viel ebenso positive wie negative Popularität erlangt hätte wie Butler. Warum ist das so? Vielleicht liegt das auch am Fach. Denn die Philosophie ist *per definitionem* ein Fach, dem – zu Recht – Universalitätsansprüche nachgesagt werden, insofern sie eine viel weitere Geltung ihrer Thesen behauptet als andere geistes(!)wissenschaftliche Fächer. Sie spricht also nie nur für sich und ihren inaugurierten Kreis, nie nur für sich und diejenigen, die sich ihr zugehörig fühlen, sondern immer auch für alle – so jedenfalls wird sie in der Regel intern wie extern wahrgenommen. Ähnlich der Physik, deren Gesetze auch für jede Art von Materialität Geltung beanspruchen. Vor diesem Hintergrund könnte man schließen, dass das, was andere Disziplinen so konstatie-ren, eben sehr viel weniger Furore macht als philosophische Einlas-sungen.

Dem wiederum könnte zweifach widersprochen werden: Erstens hal-ten viele Butler gar nicht für eine Philosophin – weshalb sie vor allem in ihrem eigenen Fach bis heute weitgehend ignoriert wurde. Zweitens war Butler nicht die erste Philosophin, die sich in den feministischen Dis-kurs eingemischt hat. Wohl aber war sie die erste, die sich nicht damit abgegeben hat, ihre Kritik als »Nebenwiderspruch« zu formulieren be-ziehungsweise sich den Standpunkt der anderen, Sekundären zu eigen zu machen, wie etwa Simone de Beauvoir in *Le Deuxième Sexe*[8] oder Luce Irigaray in *Speculum de l'autre femme*[9] – dort freilich zweifach ge-brochen. Vielmehr stellt sie in *Gender Trouble* diese binäre Aufteilung der Welt überhaupt infrage. Es geht ihr also nicht darum, die Andersheit zu zelebrieren beziehungsweise als gleichwertig auszuweisen, sondern sie als gruppierungstaugliche, das heißt gruppenspezifische infrage zu stellen. Ihr Mittel der Wahl ist dabei in der Tradition der in den USA bereits seit den 1970er-Jahren erstarkenden feministischen Wissenschaftstheorie – prominent etwa Sandra Harding – die Analyse der Strukturen, Denkmuster und Kategorien, mit denen ungleiche gesellschaftliche Teilhaben legitimiert werden. Dabei hat Butler wiederum nicht haltgemacht bei der Verurteilung ungleicher Bewertungen für verschiedene, scheinbar gruppenspezifische »Eigenschaften«. Vielmehr interessieren sie hier die (Denk-)Praxen, die die Zuschreibung von weiblichen und/oder männlichen Eigenschaften an Individuen steuern.

Und gerade das ist es auch, was Butler etwa von Niklas Luhmann trennt, obwohl beider Kritik auf den ersten Blick ganz ähnlich gelagert scheint. Denn Luhmann kritisierte 1988 in seinem so legendären wie umstrittenen Essay: *Frauen, Männer und George Spencer Brown* ebenfalls die Grundlagen der feministischen Theorie(bildung). Und zwar insofern, als sie mit einer binären Unterscheidung beginne, die sie als gegeben voraussetze, ohne sie weiter zu hinterfragen. Vorderhand eint die beiden Konstruktivist'innen also das Durchschauen der nur scheinbaren Gegebenheit von unhinterfragbaren Ausgangspunkten; auch in diesem Fall. Auch bezieht sich die kritische Infragestellung sowohl auf die theoretische Genealogie theorieleitender Unterscheidungen als auch auf die Legitimität. Legitimität wird bei Luhmann durch die Invisibilisierung zumeist kontingenter, aber auch machtsichernder Setzungsakte erreicht – vergleiche etwa seine Analysen zur Ausdifferenzierung des Rechtssystems und seiner Selbstbeschreibungen. So weit die Gemeinsamkeiten, die aber bei Luhmann keine so harsche Verurteilung mit sich gebracht haben – wenn er auch aus der »kritischen Ecke« unter anderem wegen solcher Rekonstruktionen bezichtigt wurde, ein opportunistischer Theorietechnokrat zu sein.

Die Infragestellung solcher Ausgangsunterscheidungen scheint also nicht die Besonderheit auszumachen – was dann? Vermutlich das, was Butler und Luhmann ganz offensichtlich trennt: der Horizont, an dem die jeweilige kritische Perspektive endet. So heißt es bei Luhmann, der sich an dieser Stelle einen »empirisch orientierten Soziologen«[10] nennt, dass er sich schon wundern müsse, »daß die Klassifikation in so hohem Maße faktisch zutrifft, das heißt mit biologischen Merkmalen übereinstimmt – so als ob die Gesellschaft doch erst einmal nachsähe, bevor sie jemanden als Mann beziehungsweise als Frau klassifiziert. […] Sicher, und auch gegen die Nachforschungen durch Soziologen gefeit, ist ja, daß nur wirkliche Frauen Kinder gebären können.«[11] Diese Sicherheit infrage stellen können ahistorisch argumentierende Empiriker, zu denen Luhmann hier seltsamerweise mutiert, vielleicht nicht – aber an gewordener Faktizität orientierte Philosoph'innen schon. Denn sie können fragen, was die Signifikate »Frau« und »Mann« für variable Bedeutungen tragen, wie sie die signifizierten Gegenstände mitkonstituieren, wie der Diskurs »die Natur« in Anspruch nimmt, um über Eigenschaften gruppenbildend zu klassifizieren. Klassifikation ist Abstraktion und sieht dabei notwendig vom *immer* Besonderen ab. Sie können weiter fragen, wie Diskurse überhaupt funktionieren, indem sie Normen formulieren, die als gesellschaftliche Mitspieltickets fungieren, die sagen, welche Eigenschaften ein »wirklicher« Mensch zu haben und zu erfüllen hat. Davon abgesehen kann auch der Soziologe lesen, dass auch als Hermaphroditen bezeichnete Menschen Kinder gebären können – obwohl sie irgendwie keine wirklichen Frauen sind – oder dann doch?

Bei aller Reflexivität und Differenziertheit taucht hier plötzlich ein Biologismus auf, der staunen lässt – jedenfalls würde Butlers Replik auf Luhmanns empirisch (vermeintlich) unhintergehbare Feststellung lauten, dass an dieser Stelle folgende weiter gehende kritische Fragen sinnvoll zu stellen sind: »Wie kommt es dazu, daß solche [dem biologischen Vorrang gestattende] ›Grundlagen‹ gebildet werden, und wie wird jener formierende Prozeß in dem Prozeß verdunkelt? Und in welchem Maße sind solche Grundlagen gebildet worden, um das Leben der Frauen einzuschränken?«[12] – man könnte ergänzen: beziehungsweise menschlicher Wesen, die als Frauen gelten und als »ihresgleichen«. Wobei zur Sicherheit betont werden muss, dass es Butler nicht darum geht, dass wir unsere Körper subjektiv kraft Willens konstruieren könnten, wie wir wollten. Vielmehr betrachtet sie Körperkonstrukte als jahrtausendealte Sedimentierung immer auch normativer Ausleseprozesse, die sich schon deshalb nicht außerhalb des transformativen Werdens befinden können. Worum geht es also bei der kritischen Infragestellung von Anfangsunterscheidungen – sei es die Natur-Kultur-Differenz, die Körper-Geist-Differenz oder die Mann-Frau-Differenz? Auch darum, nichts als unüberschreitbar gegeben anzunehmen, auch das nicht, was wir – zu Legitimationszwecken – »natürlich« nennen.

Vor diesem Hintergrund ist klar, warum Butler keiner differenztheoretischen Grundlegung des Feminismus zustimmen konnte beziehungsweise kann und warum der Titel eines weiteren, 2004 erschienenen Buches *Undoing Gender* lautet.[13] Man könnte an dieser Stelle sagen – und das ist das Luhmann'sche Argument –, dass so eine Kritik der feministischen Theoriebildung den Boden entzieht, weil die eigene Ausgangsdifferenz als notwendige infrage gestellt wird. Das wäre aber zu kurz geschlossen. Denn es geht letztlich doch darum, die aus jeglicher scheinbar gruppenspezifischer Differenz abgeleiteten Legitimationspraxen und folglich die Faktizität ungleicher Teilnahme- wie Teilhabechancen etc. zu überwinden. Und dafür muss nach Butler nicht für die Gleichwertigkeit bestimmter Gruppen gekämpft werden, sondern für die Gleichwertigkeit *aller* Menschen in ihrer individuellen Einzigartigkeit. Als solche sind Personen nicht repräsentierbar, und sie repräsentieren auch nichts weiter als sich selbst. Deshalb umfasst diese erweiterte Auffassung von Feminismus auch jede̓n, der aufgrund scheinbar gruppenspezifischer Eigenschaften be- und verurteilt wird. Jede gruppenspezifische Argumentation käme einer Restituierung gleich.

Es stehen dabei zunehmend nicht die Praxen konservativer – im Wortsinne – Wissenschaftler̓Innen und Philosoph̓Innen im Zentrum der Butler'schen Kritik, sondern gerade dasjenige philosophische Denken, das sich gemeinhin als das progressivste wähnte und wähnt: die kritische Theorie, die im Gefolge von Kant, Hegel, Marx und Freud um Aufklärung und Liberalität, wenn nicht um revolutionäres, so wenigstens um reformatorisches Denken bemüht ist und ringt. Butler wagt sich kritisch vor in die Sphären des kritischen Denkens überhaupt, indem sie eine »Kritik der Kritik«[14] vollzieht, weil sie nach dem theoretischen, stabilisierenden und legitimierenden Status des (feministischen)

Subjekts, von Autonomie, Souveränität und Selbstgewissheit fragt – und damit nach den Säulenheiligen, die zur Legitimation von Emanzipationsbewegungen dienen. Das haben freilich vor ihr diesseits und jenseits des Rheins schon andere getan – von Martin Heidegger oder Jean-Paul Sartre über Theodor W. Adorno und Michel Foucault – aber das waren keine Feministinnen, keine Denkerinnen, die wagen mussten, die abgesteckten Grenzen des philosophisch Erlaubten aus einer feministischen Perspektive – im erweiterten Sinne – zu deuten. Irigaray war in *Speculum* gleichermaßen mutig – aber eben vor einem differenztheoretischen Hintergrund. Einzig Jacques Derrida mag hier eine Ausnahme darstellen – aber ebenso wenig wie ihn die Verleihung des Frankfurter Adorno-Preises 2001 zur Zielscheibe zahlreicher Hasstiraden machen konnte, war es sein ebenfalls erweiterter Feminismus, der zu dem vernichtenden Urteil, Antiphilosoph zu sein, geführt hat.

»Kritik der Kritik«: Reflexiv-dekonstruktive Interventionen

Butler hinterfragt als Philosophin Denkmuster, logische Denkformen oder Kategorien an sich, um über deren gesellschaftliche Gestaltungskraft aufzuklären. Zwei wurden genannt: binäre Differenzierungen und Abstraktionsprozesse, die verallgemeinern und dadurch scheinbar gruppenspezifische Eigenschaften erzeugen, die wiederum diskursiv zugeschrieben werden und sich dadurch bestätigen können. Da es sich – mit Kant – hierbei um Prozesse, sogar »Handlungen« des Denkens handelt, die zwar ihrerseits rein formal oder abstrakt beschrieben, aber niemals inhaltsleer vollzogen werden können, muss auch Butlers Hinterfragung immer an besonderen Inhalten erfolgen. Aber nicht nur das: Denn wenn es ihr um eine kritische Analyse ihrer Zeit geht, dann findet diese nicht im abstrakten logischen Raum statt, sondern eben im Konkreten und Aktuellen. *Einer* der exemplarischen Inhalte ist deshalb die besondere Binarität, auf der die feministische Theorie beruht: Die Mann-Frau-Differenz, die immer noch Ungleichverteilungen legitimiert – weltweit. Andere wären die bereits erwähnten Differenzen Natur/Kultur, Körper/Geist, Sex/Gender, homo-/heterosexuell, modern/ postmodern, innen/außen in Bezug auf die Psyche, öffentlich/privat in Bezug auf das Handeln etc. Dabei geht es immer um die Legitimation von Ausschlüssen, die durch solche Unterscheidungen und die damit einhergehenden Abstraktionen erfolgen.

Wenn Menschen auch denkend ihre Welt ordnen, dann müssen Philosoph˙innen, die mit der etablierten sozialen Ordnung aus ethischen Gründen nicht einverstanden sind, die Denkmuster, Kategorien, Legitimationsformen in ihrer jeweiligen Konkretion und Aktualität befragen. Sei das noch so unangenehm – oder auch verletzend und destabilisierend. So stellt die »Kritik der Kritik [...] die impliziten und unkritischen Vorbedingungen der Operation der Kritik in Frage«[15], das heißt auch diejenigen, die Kant zu seiner Zeit verwendet hat, vermutlich ohne sie selbst zu kennen, weil er sein *eigenes* Denken nicht durchgehend reflektiert hat. Zudem tauchte Kants Kritik ebenfalls als kritische Analyse zu einem bestimmten soziokulturell-historischen Zeitpunkt in der europäischen Philosophie auf. Also muss das kritische Fragen, die kritische Untersuchung immer wieder auf sich selbst angewendet werden. Das heißt, die (aufklärende) Kritik nicht etwa als dritte Erkenntnistheorie neben die theologisch motivierte Dogmatik und den Empirismus zu stellen, sondern den Effekt, den sie erzeugt hat, den neuen Denkraum, den sie erzeugt hat, reflexiv der kritischen Analyse zu unterziehen. Sprich: Mit Butler gilt es nicht nur nach den Bedingungen zu fragen, die heute verbieten, *anders* kritisch zu denken, als dies Kant zu seiner Zeit getan hat, sondern auch sichtbar zu machen, ob und was das gerade mit der kantischen Kritik zu tun hat – eine Aufgabe, der Foucault in zahlreichen Analysen nachgekommen ist.

Aktuell stellt für Butler kritisches Fragen »das *Fundament* in Frage, auf dem an bestimmten Forderungen nach Legitimität festgehalten wird. [...] Kritik ist [...] die Operation, die zu verstehen versucht, wie begrenzende Bedingungen die Grundlagen für den legitimen Gebrauch der Vernunft bilden können, die bestimmen, was gewusst werden kann, was getan werden soll und was gehofft werden darf – die drei Ziele der Kritik, wie Kant sie formuliert hat.«[16] Butler teilt also mit Kant die Denkbewegung, wenn sie fundamentale Fragen nach der Legitimität stellt. Auch Kant hat seine eigene – kritische – Theorie dem Legitimitätsraum sowohl der Empirie als auch der (theologischen) Dogmatik entzogen, indem er einen neuen Raum der Begründung aufgemacht hat: den transzendentalen. Dieser bestand darin, im Denken selbst die positiven Möglichkeitsbedingungen des Erkennens zu bestimmen. Dabei ging es ihm aber nicht allein um Erkenntnis und Wissen, sondern vielmehr darum, zugleich eine ganz andere Weise einzuführen, in der das Praktische gedacht werden kann: als das, was denkbar ist, mittels dessen wir das soziale Miteinander gestalten wollen und (bedingt) können, und sei es nur als orientierendes Ideal. Kant hat die durch die Kritik in ihrem Erkenntniseifer beschränkte Vernunft zugleich befreit, indem er sie selbst *als freie Vernunft* zum einzigen Maßstab jeder künftigen sozialen Ordnung erhoben hat. So heißt es bei Kant: »Denn welches der höchste Grad sein mag, bei welchem die Menschheit stehenbleiben müsse [mit Blick auf eine politische Verfassung], [...] das kann und soll niemand bestimmen, eben darum, weil es Freiheit ist, welche jede angegebene Grenze übersteigen kann.«[17]

Was hat der Exkurs zu Kant mit Butlers Denken zu tun? Er zeigt, dass Butlers »Kritik der Kritik« schon rudimentär in Kants durch die Kritik befreitem Denken angelegt ist: vollkommen unbestimmt und noch nicht konkret wissbar, aber als Überschreitung jeder angegebenen Grenze antizipiert! Wann also wird das Denken als Kritikerin dessen, was aus der historischen kantischen Kritik in ihrer ersten Formierung geworden ist, auftreten? Genau dann, wenn es nicht mehr frei denken darf, wenn sein Grenzen aufzeigendes Potenzial nicht mehr goutiert wird, wenn sein kritischer Wesenszug – immer auch *jede angegebene Grenze* übersteigen zu können – missachtet wird. Wenn das jeweils aktuelle (Denk-)Verbot der Möglichkeit gilt, andere Legitimitätsgrundlagen des Praktischen oder Ethischen zu formulieren – also etwa Autonomie und Souveränität als unaufhörlich bedingte herauszustellen und damit die menschliche Abhängigkeit und Angewiesenheit als unüberwindbar sichtbar zu machen – dann bedeutet das, dass die »Kritik der Kritik« über die kantische hinausgeht. Denn sie befragt inhaltlich die gängigen, aufgeklärten Legitimitätsgrundlagen, indem sie deren Bedingtheit offenlegt. Diese Art der Kritik erzeugt Unbehagen, weil sie es aushält, Fragen zu stellen, deren Antworten darin liegen, das Menschliche anders zu denken, als unser Zeitalter es denkt: demütiger, abhängiger, angewiesener. Das könnte ein soziales Miteinander eröffnen, in dem mehr Respekt, mehr Freiheit, mehr Verantwortung möglich ist – das scheint jedenfalls das zu sein, was Butler im Sinn hat, wenn sie kritische Fragen stellt.

So gibt es neben den angestellten Vermutungen in Bezug auf das Zeitfenster, die artikulierte partielle gesellschaftliche Stimmung und individuelle psychische Verfasstheiten, wohl auch philosophische Gründe, die erklären helfen, warum Butlers durch und durch kritische Einlassungen zum theoretischen Feminismus so viel diskursives Gewicht erlangen konnten. Dennoch fehlt meines Erachtens noch ein weiterer wesentlicher Aspekt, um das Prisma zu vervollständigen, durch das hindurch eine Antwort gefunden werden könnte auf die Frage: Warum Butler? Dieser letzte hat etwas mit einem vielleicht genuin menschlichen Bedürfnis nach Sicherheit und Beständigkeit zu tun. So lautet meine abschließende These, dass das Besondere an Butlers Kritik immer auch in der *Art und Weise* gesehen werden muss, mit der sie – ähnlich wie etwa Jean-Paul Sartre, Michel Foucault, Jacques Derrida oder Gayatri C. Spivak – nach den Grenzen des Denkraumes fragend diese überschreitet. Das, was sich dabei zeigt, oder vielleicht besser: performativ sicht- oder spürbar wird, *ist* Freiheit, *gestaltet* Freiheit. Mit Foucault formuliert benötigt »die kritische Arbeit [...] stets die Arbeit entlang unserer Grenzen, das heißt die geduldige Arbeit, die der Ungeduld der Freiheit Gestalt gibt«.[18] Diese philosophische Art der grenzüberschreitenden Freiheitsrealisation aber macht Angst – jedenfalls in unserer Disziplin und Zeit; auch wenn das von vielen geleugnet wird. Denn sie zeigt Möglichkeiten auf, die jenseits des Ableitbaren liegen, die nicht vorhersehbar sind und damit Unbekanntes realisieren. Meines Erachtens ist es der Vollzug so eines unbestimmten, offenen Prozesses, den Spivak mit »Modus des Zukünftigen«[19] benennt. Zudem birgt die Entlarvung von Grundlagen als kontingent gesetzte, die Infragestellung von Denkgrenzen und gesellschaftsstrukturierenden Unterscheidungen immer auch ein destabilisierendes Moment, das beängstigend ist, weil es unvorhersehbar war und Überzeugungen ins Wanken bringt, die sich wünschten, außerhalb jeglicher Transformationsgefahren festzustehen. Deshalb ist Butlers Sprechen nicht etwa das der Kassandra – die geschmäht wird, weil sie eine Zukunft vorhersagt, die niemand möchte. Sie spricht und handelt eher wie Antigone, weil sie Fragen stellend frei und grenzüberschreitend tätig geworden ist und wird. Das mag nicht jede˙r und mag verletzen.

Anmerkungen

1 Judith Butler: *Gender Trouble. Feminism and the Subversion of Identity*. New York 1990.

2 Judith Butler: *Subjects of Desire. Hegelian Reflections in Twentieth-Century France*. New York 1987.

3 Joan Scott: »Gender: Eine nützliche Kategorie der historischen Analyse« [1986], in: Nancy Kaiser (Hrsg.): *Selbst Bewusst. Frauen in den USA*. Leipzig 1994, S. 27–75.

4 Judith Butler: *The Psychic Life of Power. Theories in Subjection*. Stanford 1997; dies.: *Excitable Speech. A Politics of the Performative*. New York 1997.

5 Max Horkheimer: »Traditionelle und kritische Theorie« [1937], in: ders.: *Gesammelte Schriften Bd. 4: Schriften 1936–1941*. Herausgegeben von Alfred Schmidt. Frankfurt am Main 1988, S. 162–226; Karl Marx, Friedrich Engels: Vorrede zum I. Band der »Deutschen Ideologie« [1846], in: dies.: *Historisch-kritische Gesamtausgabe* (MEGA, erste Abt., Bd. 5) beziehungsweise *Werke*. Berlin 1956 ff.

6 Judith Butler: *Giving an Account of Oneself*. Fordham 2005.

7 Christina Thürmer-Rohr: *Mittäterschaft und Entdeckungslust*. Berlin 1989.

8 Simone de Beauvoir: *Le Deuxième Sexe*. Paris 1949.

9 Luce Irigaray: *Speculum de l'autre femme*. Paris 1974.

10 Niklas Luhmann: »Frauen, Männer und George Spencer Brown« [1988], in: Ursula Pasero, Christine Weinbach (Hrsg.): *Frauen, Männer, Gender Trouble. Systemtheoretische Essays*. Frankfurt am Main 2003, S. 15–62, hier S. 21.

11 Ebd.

12 Judith Butler: *Bodies that Matter. On the discoursive Limits of »Sex«.* New York 1993, S. 10.

13 Judith Butler: *Undoing Gender.* New York 2004.

14 Judith Butler: *Kritik, Dissens, Disziplinarität.* Zürich 2009, S. 25.

15 Ebd.

16 Ebd., S. 35 ff.

17 Immanuel Kant: *Kritik der reinen Vernunft.* [1781] Zitiert nach der ersten und zweiten Auflage (A/B), Hamburg 1956, A316 f./B373 f.

18 Michel Foucault: *Was ist Aufklärung?* [1984] Frankfurt am Main 2004, S. 707.

19 Gayatri Chakravorty Spivak: *Righting Wrongs – Unrecht richten.* [2001] Zürich 2008, passim.

Barbara Thiessen
»Entlastet von häuslichen Pflichten«
Ein trügerisches Emanzipationsideal

»Frauen, denen es im Gegensatz zu den meisten anderen gelungen ist, in einem befriedigenden Beruf zu arbeiten, finanziell unabhängig und von häuslichen Pflichten weitgehend entlastet zu sein, bilden noch immer eine privilegierte Minderheit.«[1] Mit diesem Satz beginnt der erste Beitrag für das *Kursbuch Frauen* (1977) von Marina Moeller-Gambaroff. Sie skizziert damit ein Emanzipationsideal, das Autonomie für Frauen verspricht und bis heute mehr oder weniger noch Gültigkeit besitzt. Allerdings kann dieses Ideal auch gegenwärtig nur von einer privilegierten Schicht von Frauen gelebt werden. Ein solches Konzept von Emanzipation ist trügerisch, denn es verkennt die Bedeutung von »häuslichen Pflichten« als Teil eines Care-Regimes oder Systems fürsorglicher Praxen, auf die Menschen grundlegend angewiesen sind. Gemeint ist damit neben der privaten Haus- und Beziehungsarbeit auch die informelle Nachbarschaftshilfe, Freundinnendienste und Verwandtschaftspflege sowie die bezahlte und in Teilen professionalisierte Erwerbsarbeit in den Bereichen Versorgung, Betreuung, Erziehung und Pflege. Mit der Entwertung von Care, die mit diesem Emanzipationsideal fortgeschrieben wurde und wird, geraten auch diejenigen, die Fürsorge leisten, und die Bedingungen, unter denen sie tätig sind, aus dem Blick. Zugespitzt formuliert: Wenn sich alle von der Last der »häuslichen Dienste« befreien, wer übernimmt sie dann zu welchen Bedingungen? Und welche Folgen hat dies für unsere Vorstellungen von Geschlechtern sowie für das Verhältnis der Geschlechter in gesellschaftlichen Systemen? Und: Welches Selbstbild liegt dieser Entwertung zugrunde?

Die alte Geschlechterordnung samt der ihr eingeschriebenen Arbeitsteilung scheint gegenwärtig an Plausibilität verloren zu haben. Allerorten ist Fürsorge im Gespräch: So viele Väter nutzen Elternzeit! Was tun gegen den Mangel an Fachkräften in Kitas? Wie ist die Nummer vom Lieferservice für das Essen heute Abend? Warum streiken in diesem Herbst wieder Pflegekräfte in der Charité? Welche Agentur für 24-Stunden-Pflege soll für die Eltern gebucht werden? Hatten wir nicht einen Putzplan vereinbart? Es knirscht sowohl im privaten Alltag als auch im Gesundheits- und Wohlfahrtssektor inklusive dem haushaltsnahen Dienstleistungsmarkt, auch wenn soziale und Gesundheitsdienstleistungen boomen. Gleichzeitig erleben wir, wie auf Straßen und in Talkshows, in Parlamenten und Feuilletons über Familien, Lebensformen und Sexualitäten, über Kinderbetreuung und Altenpflege gerungen, gestritten und polemisiert wird. Jüngstes Beispiel ist die bemerkenswerte erfolgreiche Thematisierung des Pflegenotstandes durch den Altenpflegeschüler Alexander Jorde bei einer TV-Wahlveranstaltung mit Angela Merkel im September dieses Jahres. Der 21-Jährige konfrontiert dort Merkel mit Menschenrechtsverletzungen angesichts des Mangels an Fachkräften in Kranken- und Altenpflege. In all diesen Debatten geht es im Kern sowohl um die Frage der Anerkennung von Care-Arbeit und Sorgebeziehungen als auch um normative Aushandlungen, wie familiale Sorge, professionelle Care-Arbeit und staatlich gerahmte Daseinsvorsorge und freie Wohlfahrtspflege im Geschlechterverhältnis gestaltet sein sollen. Dass die Statements des Pflegeschülers Jorde[2] so eine Aufmerksamkeit auslösen konnten, liegt möglicherweise auch an seinem Geschlecht. Eine Altenpflegerin, die ihren Beruf »toll« findet, aber mehr Anerkennung und bessere Bedingungen fordert, hätte eher keinen Medienhype ausgelöst. Die Reaktion wäre vielmehr gewesen, dass es selbstverständlich ist, dass Frauen pflegen und dabei keine Ansprüche stellen. Die »häuslichen Pflichten« sind zwar mittlerweile in der öffentlichen Arena gelandet, gerungen werden muss aber weiter um ihre Erledigung.

Es soll also in diesem Beitrag um das Verhältnis von Gender und Care, von vergeschlechtlichen Praxen und Fürsorgetätigkeiten gehen.

Damit ist die Frage verknüpft, wie Care gegenwärtig in Ökonomie und Gesellschaft eingebunden ist. Dazu braucht es zunächst einen kurzen Rückblick auf den historisch begründeten Zusammenhang von Gender und Care, der ganz wesentlich auch das Menschenbild der westlichen Moderne geprägt hat. Im Weiteren werden unter dem Stichwort Care-Krise aktuelle Widersprüche und Konflikte um Fürsorgearbeit im Geschlechterverhältnis aufgezeigt. Zur Diskussion stelle ich abschließend Überlegungen für ein Emanzipationsmodell, in dem Fürsorgepraxen nicht entwertet werden und Geschlechtergerechtigkeit möglich werden könnte.

Wie Fürsorge und Weiblichkeit zusammenkamen ...

Die Gegenüberstellung von »befriedigender Berufsarbeit« einerseits und der Last »häuslicher Pflichten« andererseits beginnt Ende des 18. Jahrhunderts mit der Herausbildung des Bürgertums und dem Beginn der Industrialisierung. Barbara Duden beschreibt diesen Prozess präzise in ihrem Beitrag im genannten *Kursbuch Frauen*. Die Entwicklung der außerhäuslichen Lohnarbeit im Zeitalter der Industrialisierung beendet das feudalistische Modell des »Ganzen Hauses« und verändert grundlegend die damit einhergehenden Geschlechter- und Arbeitsverhältnisse: »Die Familie ist nicht mehr der Ort der gemeinsamen Wirtschaft, sondern der – scheinbar von aller Arbeit befreite – Binnenraum, in dem der Mann, von der Arbeitswelt heimgekehrt, eine liebende Dienstleistung an sich und den Kindern erwartet.«[3] Aus Arbeit ist Liebe geworden. Dieser zentrale Befund, nämlich der historische Ausschluss von Fürsorge aus dem Arbeitsbegriff, den Duden und andere formulierten, wird zu einem wesentlichen Impuls für die zweite Frauenbewegung.

Auch auf der Ebene der Geistesgeschichte findet eine weitere, höchst wirksame Separierung statt, nämlich die Trennung von Denken *(res cogitans)* und Körper *(res extensa)*. Der von Descartes[4] entwickelte Rationalismus positioniert das Denken als aktiv und entgegengesetzt zur passiv angenommenen Natur. Das Subjekt, als handlungs- und verantwortungsfähiges Ich, wird – getrennt vom Körper – im Verstand lokalisiert und gleichzeitig transzendiert. Der alles bezweifelnde Zweifel lässt nur noch das zweifelnde Ich als letzte (und erste) Gewissheit übrig. Die Einsicht »ich zweifle, ich denke, ich bin« ergibt »cogito ergo sum«. Das radikal Neue dieser Erkenntnis formuliert die Philosophin Jeanne Hersch folgendermaßen: »An der Schwelle der modernen Zeit finden wir [...] diese einsame Gewissheit, zunächst ohne Welt, ohne umgebende Welt: diese Gewissheit des denkenden Subjekts, nur von ihm selber als unbezweifelbar erfahren.«[5] Descartes liefert die entscheidende Voraussetzung für die Moderne: das Herauslösen des denkenden Subjekts aus dem Körper, der Welt, ausgestattet mit dem Verstand, der die Gesetzmäßigkeiten der Natur ergründen und beherrschen kann. Die noch von Descartes als zentral gesetzte Gottesidee als Beweis für die Wahrheit des Denkens wird in der fortschreitenden Aufklärung abgelöst von der Idee der »Natur« als paradigmatischem Begriff.

Zu erinnern sind an die befreienden Aspekte: Jeder Mensch wird als prinzipiell vernunftbegabt erklärt. Das Subjekt wird als Bürger und Träger eigener Rechte erklärt. Jedoch gelten Freiheit und Gleichheit nur für den besitzenden Bürger: Frauen, Sklaven und Besitzlose bleiben ausgeschlossen. Ihr Ausschluss wird naturrechtlich begründet, ebenso wie die alleinige Zuständigkeit von Frauen für Haus- und Familienarbeit. Rousseau geht davon aus, »dass die Frau besonders dazu geschaffen ist, dem Mann zu gefallen [...] und sich zu unterwerfen«[6]. Frausein wird identisch mit Da-Sein für andere. Die Unterordnung von Frauen unter Männer ist naturbedingt und daher keine Unterdrückung. Mannsein wird dagegen mit Unabhängigkeit, Autonomie und Vernunft gleichgesetzt. Die außerhäusliche Erwerbsarbeit in Produktion und Verwaltung gilt als männliche Aufgabe, mit der ein »Familienlohn« erzielt werden soll. Der vor allem von Heinrich Campe 1789[7] entwickelte Entwurf für die bürgerliche Frau, in dem der »Beruf als Weib« zum Leitbild der Mädchen- und Frauenbildung erklärt wird, findet bis heute in der hierarchischen Anordnung der Berufe, ihrer Ausbildungsformen[8] und Verdienstmöglichkeiten seinen Widerhall: Je näher berufliche Tätigkeiten an Haushalt und Familie grenzen, desto geringer sind Ansehen und Entlohnung – auch wenn diese Tätigkeiten mittlerweile von Männern wie Alexander Jorde ausgeübt werden. Möglicherweise wird erst dann diese strukturelle Diskriminierung bewusst.

Bemerkenswert ist also dieser systematische Webfehler der europäischen Moderne: Die Idee des bürgerlichen, autonomen Subjekts setzt den erwachsenen, männlichen, weißen und gesunden Angehörigen der Mittelschicht voraus, der ordentlich gefrühstückt und mit frisch gebügeltem Hemd seiner Entfaltung in der Gesellschaft nachgeht. Dieses Subjektmodell kennt kein Kindesalter, keine Krankheiten oder Demenz. Das cartesianische, monadische Subjekt beruht auf der Ausblendung biografischer Entwicklung und jenen sozialen Beziehungen, in die es hineingeboren wird. Damit werden physische und psychische Angewiesenheit aus dem Subjektbegriff ausgeklammert. Bis heute wird das Streben nach Autonomie höher bewertet als die Angewiesenheit auf andere. Modernen Liebenden kommt der Satz »Ich brauche dich« kaum über die Lippen. Hinfälligkeit und die Abhängigkeit von Unterstützung bei Krankheit und im Alter sind zutiefst schambesetzt. Im Sozialgesetzbuch VIII zur Kinder- und Jugendhilfe wird in § 1 Kindern das Recht auf »eine Erziehung zu einer eigenverantwortlichen und gemeinschaftsfähigen Persönlichkeit« zugestanden. Lag bis in die 1970er-Jahre der Schwerpunkt eher auf Gemeinschaftsfähigkeit, mithin Disziplin, Pünktlichkeit und Respekt vor Autorität, scheint heute Erziehung zu Eigenverantwortlichkeit, Kreativität und Selbständigkeit zu dominieren. Eltern – oft mit Migrationshintergrund –, die mehr Wert auf Gemeinschaftsfähigkeit als auf Eigenständigkeit legen, gelten nicht selten als antiquiert,[9] während die Eltern der einheimischen Mittelschichten vor allem die individuelle, bildungsbezogene Förderung ihrer Kinder forcieren. Vorstellungen von Autonomie sind bis heute westlich und männlich unterlegt und können vor dem Hintergrund der Verdrängung von Angewiesenheit als Fetisch der Moderne gelten.

Care-Krise: Widersprüche und Konflikte um Care im Geschlechterverhältnis

Damit stellt sich für das Emanzipationsprojekt von Frauen ein Dilemma. Die Formulierung von »Autonomie als Leitmotiv feministischer Strategien«[10] gerät schnell in Gefahr, ebenso Verletzbarkeit, Prekarität und Angewiesenheit zu verdrängen, mithin die eigene Potenz und Unverletzbarkeit zu idealisieren. Diese Ausrichtung geht konform mit dem seit den 2000er-Jahren neu konfigurierten Kapitalismus, der in der westlichen Welt die Dienstleistungsökonomie befördert hat und immer mehr, vor allem hoch qualifizierte, Fachkräfte benötigt. So wundert es nicht, wenn OECD und Weltbank liberale Gleichheitsgrundsätze, repräsentiert durch Konzepte des Gender Mainstreaming, als zukunftssichernde Instrumente nutzen. Christa Wichterich erkennt darin eine »Konvergenz von feministischen und neoliberalen Zielen«[11]. Es sind vor allem die gut qualifizierten Frauen, die sich über Erwerbsarbeit finanzielle Eigenständigkeit sichern können. Angela McRobbie hat darauf hingewiesen, dass es vor allem den »Top Girls«[12] der westlichen, gebildeten Mittelschichten gelingt, im globalen, neoliberalen Kapitalismus zu reüssieren, da die modernisierten Weiblichkeitsmuster gleichzeitig angepasste und ehrgeizige Erwerbstätige wie kaufkräftige Konsumentinnen entwerfen. Selbstbestimmung, weibliche Freiheit und Autonomie passen vorzüglich in diese neoliberalen Formen von Individualisierung und Selbstoptimierung.

Im Hinblick auf die Organisation von Fürsorge schafft dieses neoliberale Emanzipationsprojekt allerdings ein Problem. Dem hierarchischen Arrangement von *male breadwinner* und *female homemaker* zu entkommen und entlastet »von häuslichen Pflichten« zu sein, hinterlässt Care-Lücken. Die Entkopplung weiblicher Lebensläufe von Care-Arbeit stellt eine historische Befreiung dar. Sie bedeutet aber auch: Care, also die Sorge um andere, macht sich nicht (mehr) »von allein«, das heißt nicht mehr als weiblicher »Liebes-Dienst«, der im unsichtbaren Privaten der Familie vorausgesetzt werden kann. Ein wesentliches

Problem ist, dass gerade in Deutschland öffentliche Angebote fehlen. Weder die aktuelle Organisation noch die Qualität von Care passen zu den veränderten gesellschaftlichen oder individuellen Bedingungen und Ansprüchen. Die Sorge für andere wird für die Betroffenen oft zur Zerreißprobe, und die hieraus entstehenden Folgen und Dilemmata sind individuell kaum mehr lösbar. Konstatiert werden muss eine umfassende Care-Krise, die von der aktuellen Arbeitsmarkt- und Sozialpolitik verschärft wird: Erwachsene sollen grundsätzlich die eigene Absicherung alleine bewerkstelligen, sich dem Arbeitsmarkt stets zur Verfügung halten inklusive lebenslanger Weiterbildung *(lifelong learning)*. Zeiträume für Care werden zum individuell gemachten Risiko im Lebenslauf.

Perfide ist, dass diese umfassende Care-Krise immer nur an einzelnen Stellen aufscheint, wenn Einzelne – meist Frauen – auf sich gestellt und oft mit großer Anstrengung strukturelle gesellschaftliche Probleme zu bewältigen versuchen. So setzen Kinderbetreuung und das Bildungssystem immer noch auf die flexibel verfügbare Mutter, auch als Bildungscoach der Kinder.[13] Selbst der in Deutschland seit August 2013 realisierte Rechtsanspruch auf die Betreuung von unter dreijährigen Kindern ist nur ein Tropfen auf den heißen Stein. Qualitätsprobleme zeichnen sich ab, und die Organisation von Erwerbsarbeit, öffentlichen Dienstleistungen und Infrastrukturen ignoriert weiterhin Care-Bedarfe. Die veränderte Erwerbsarbeit mit höheren Ansprüchen an Flexibilität, Mobilität und Arbeitsverdichtung okkupiert und fragmentiert immer weiter Zeiten von Erholung, Beziehungsgestaltung und familialer Care. Das genaue Ausmaß der gegenwärtigen Care-Krise zeigt sich aber erst, wenn alle Care-Bereiche zusammengedacht werden. Denn die Care-Krise wird auch im professionellen Bereich sichtbar. Die Fachkräfte für Erziehung, Pflege und Betreuung sind überfordert. Ihre Arbeitsanforderungen haben sich deutlich erhöht. So wird etwa in der Frühpädagogik nicht nur Betreuung, sondern zunehmend auch Bildung erwartet, in der Pflege soll Aktivierung stattfinden bei gleichzeitig steigender Multimorbidität und Demenzanfälligkeit der Pflegebedürftigen. Der Intensivierung und Arbeitsverdichtung stehen Zeitdruck, Personalnot und zumindest im Bereich der Altenpflege auch prekarisierte Beschäftigungs-verhältnisse entgegen.

Bei allem Wandel gibt es jedoch auch Kontinuitäten: Weder in der privaten noch in der beruflichen Care-Arbeit ist es nachhaltig gelun-gen, Männer einzubinden. Zwar nimmt jeder dritte Vater mittlerweile Elterngeld in Anspruch. Die Familienzeit beschränkt sich jedoch in 80 Prozent der Fälle auf zwei Monate und bleibt damit die Ausnahme im männlichen Lebenslauf.[14] Zwar verbringen Väter auch in intensiven Erwerbsphasen mehr Zeit mit ihren Kindern, die Hausarbeit konnte allerdings bislang nicht partnerschaftlich verteilt werden. Bemerkens-wert ist dabei, dass Geschlechtergerechtigkeit mittlerweile zum weit-verbreiteten Leitbild moderner, heterosexueller Beziehungen gehört. Aktive Vaterschaft wird ebenso von der Mehrheit junger Männer geteilt. In den aktuellen Zeitbudgetstudien findet diese Haltung jedoch noch keinen Niederschlag. Quer durch alle Schichten, im Osten wie im Wes-ten, zeichnet sich eine weitgehend traditionell gebliebene geschlecht-liche Arbeitsteilung ab.[15] Ebenso zeigt sich im Bereich der bezahlten Care-Arbeit, dass Ansätze der Gleichstellung und Konzepte des Gen-der Mainstreaming seit Jahren nichts an Gender Pay Gap und Benach-teiligung von Frauen in Führungspositionen geändert haben. So stehen auch traditionelle Frauenberufe weiterhin unter männlicher Leitung.[16]

Neu hingegen sind vielfältige Phänomene der Vermarktlichung von Care, die mit Rationalisierung von Fürsorgepraxen einhergehen. Wenn Konzerne Kliniken und Pflegeeinrichtungen übernehmen und dabei Rendite erwirtschaftet werden soll, wird Care in neuer Weise ökono-misiert und zum Markt. Kennzeichen sind rationalisierte Organisations-strukturen, Dokumentation und Qualitätssicherungsrhetorik sowie zu-nehmend der Einsatz von Pflegerobotik und digitalisierten Verfahren. Diese Entwicklung ist keineswegs eindeutig zu beurteilen. Sie birgt laut Brigitte Aulenbacher und Maria Dammayr ebenso Chancen für Profes-sionalisierung wie einen Trend zur »McDonaldisierung«[17] von Care. Zu befürchten ist allerdings, dass die Kommodifizierung von Care eher nicht einer Qualitäts- sondern vielmehr einer Renditesteigerung dienen soll.

Auch im privaten Haushalt hat fast unbemerkt eine Vermarktlichung stattgefunden: Aus den individuellen Notlagen der täglichen Vereinbarkeitsdilemmata ist ein Markt für rund 4,5 Millionen Haushalte in Deutschland entstanden von zumeist irregulären Arbeitsverhältnissen. Die Indienstnahme von Kindermädchen, Putzfrauen und Pflegerinnen ist eine immer selbstverständlichere Form der Entlastung von Care-Aufgaben in Familien der Mittelschichten. Diese geht einher mit *care drain* in den Herkunftsländern: Zurück bleiben Kinder und Pflegebedürftige in Polen, Ungarn, den Philippinen, Rumänien oder anderen Ländern. Die Folgen sind »transnationale Mutterschaft« und »skype mothering«[18] sowie Prekarisierung und Dequalifizierung der hier im Privaten Beschäftigten. Die Globalisierung von Care zeigt sich zudem nicht nur in der Anwerbung ausländischer Arbeitskräfte, sondern auch in der Verlagerung von Pflege ins Ausland, etwa nach Polen oder Thailand. Care ist nicht nur ein Problem zwischen Männern und Frauen, sondern auch eines in Bezug auf internationale Arbeitsteilung – und hier zwischen Frauen mit unterschiedlicher Ressourcenausstattung.

Auf der Suche nach Care-gerechter Emanzipation: Vorwärts und zurück

Die Plausibilität eigenständiger Lebenswege von Frauen stellt die Frage des Umgangs mit menschlicher Bedingtheit neu: Die *conditio humana* beruht auf der Spannung zwischen dem Streben nach Autonomie und lebenslanger Angewiesenheit auf Zuwendung. Hier passen die im 18. und 19. Jahrhundert formierten binären Geschlechtscharaktere nicht mehr, die die Zuweisung des autonomen Subjektstatus an Männer einerseits und Feminisierung von Angewiesenheit andererseits vorgesehen haben. Mit der Forderung nach Gleichberechtigung und dem im 20. Jahrhundert durchaus erfolgreichen Kampf um Bildung und Erwerbsmöglichkeiten für Frauen wurde jedoch die Frage der Zuständigkeit für Care nicht gleichermaßen gesellschaftlich gestellt, geschweige denn strukturell beantwortet. Care-Arbeit ist nach wie vor weibliches Terrain, abgewertet und unsichtbar. Die partnerschaftliche Gleichverteilung privater Care ist Utopie geblieben; diejenigen, die es sich leisten können, finanzieren andere Frauen oder nutzen günstige Dienstleistungsangebote und haben damit die »Globalisierung von Hausarbeit« befördert.[19]

Welche Anker bieten sich an jenseits cartesianischer Traditionen für Überlegungen im Hinblick auf ein soziales Subjekt? Bei Hannah Arendt finden sich neue Anhaltspunkte: Sie verweist auf das Faktum der Natalität oder Gebürtlichkeit als »Sein in Beziehung«[20], angewiesen auf Fürsorge. Natalität bedeutet das Ankommen in einem bestehenden sozialen Netz. Gleichzeitig begründet Arendt damit die prinzipielle menschliche Möglichkeit des Neuanfangs *(initium)*. Hieraus lässt sich eine Vorstellung eines Subjekts ableiten, das Bedarf an Interaktionen als konstituierend voraussetzt. Die Annahme einer prinzipiellen Angewiesenheit des Subjekts verweist auf die Notwendigkeit des anderen – hier allerdings als Gegenüber und nicht als verdrängte, abgedrängte Leerstelle. Ebenso benennt Martha Nussbaum in ihrer Konzeption des Menschen den Beginn des Lebens als grundlegende Erfahrung von eigener Hilflosigkeit, Abhängigkeit, Bedürftigkeit und der Erfahrung von Zuwendung.[21] Bemerkenswert ist, dass sie darüber hinaus zwei weitere gegensätzliche Aspekte anführt, die zur Grundstruktur menschlicher Lebensform gehöre – die Verbundenheit mit anderen Menschen ebenso wie Getrenntsein: »Wir leben mit anderen und bezogen auf andere und betrachten ein Leben, das diese Verbundenheit mit anderen nicht kennt, nicht als lebenswert.«[22] Und weiter: »Wie sehr wir auch mit anderen und für andere Menschen leben, jeder von uns […] geht von der Geburt bis zum Tod seinen eigenen Weg durch die Welt.«[23] Zu den Grundfähigkeiten *(capabilities)* zählt sie daher sowohl die »Fähigkeit, mit anderen und für andere zu leben«, als auch die »Fähigkeit, sein eigenes Leben und nicht das eines anderen zu leben«.[24] Menschliche Bedingtheit zeichnet also – unabhängig von der Geschlechtszugehörigkeit – eine prinzipielle und unauflösbare Ambivalenz von Autonomie und Angewiesenheit aus. Auch Cigdem Kağıtçıbaşı[25] bringt durch ihre Studien zu Autonomie und Verbundenheit im kulturellen Kontext neue Perspektiven in diese Debatte: Sie charakterisiert zunächst ein Familienmodell der Abhängigkeit *(dependency)*, das für feudalistisch ausgerichtete Gesellschaften typisch ist, und ein Modell der Unabhängigkeit *(independency)*, das vor allem in gegenwärtigen westlichen Kulturen vorherrschend ist. Darauf aufbauend schlägt sie ein zukünftiges Modell für familiale Gemeinschaften vor, das eine nicht westliche Modernität impliziert, nämlich eine Verbindung von materieller Unabhängigkeit und emotionaler Verbundenheit *(interdependency)*. Auf diese Weise setzt sie die beiden menschlichen Bedürfnisse von Autonomie und Angewiesenheit in ein neues »familiales« Verhältnis. Auch Judith Butler versteht das Subjekt nicht als autonom, in sich selbst geschlossen, sondern beschreibt vielmehr das »post-souveräne Subjekt«[26]. Menschen sind aufeinander verwiesen, verdanken ihre »Ich-Werdung« den Sorgeleistungen anderer: »Noch bevor ich ein ›Ich‹ erwerbe, war ich ein Etwas, das berührt wurde, bewegt, gefüttert, zu Bett gebracht, angesprochen wurde, in dessen Umgebung gesprochen wurde.«[27]

Das Individuum ist existenziell auf die Versorgung durch andere angewiesen, wird damit auf seinen Körper verwiesen und ist dennoch eigenständig handlungsfähig. Diese Ambivalenz und Gleichzeitigkeit begleitet Menschen lebenslang, in wechselnden Bedeutungen. Angewiesenheit klingt bislang vor allem nach Hinfälligkeit und Kontingenz im Sinne von Werden und Vergehen. Christel Eckart verweist jedoch darauf, dass es auch um die Gestaltung vielfältiger Lebendigkeit in Lebensläufen und reziproken Beziehungen geht, um Ästhetik und Erotik des Zusammenlebens.[28] Damit treten neben helfende Beziehungsaspekte auch Bedürfnisse hinsichtlich eines sinnlichen Austauschs. Dieser Austausch setzt Differenz, Ebenbürtigkeit und Kreativität voraus.

Wenn Emanzipation also nicht als neoliberales Trittbrett vernutzt soll, sind Konzepte von Geschlechtergerechtigkeit gefragt, die ein Menschenbild voraussetzen, das Autonomie und Angewiesenheit nicht auf ein binäres Geschlechtermodell aufteilt. Ein noch zu entwickelndes geschlechtergerechtes Care-System wäre in diesem Sinne entlang von Leitlinien der Gegenseitigkeit vorstellbar.[29] Grundlegend ist dabei die Wahrnehmung von Individuen in Beziehungssystemen. Damit ist sowohl die Regulierung konkreter Care-Praxen gemeint, die menschenrechtlich im Hinblick auf diejenigen abgesichert sein muss, die Care erhalten, als es auch jene betrifft, die Care leisten. Auf der Ebene der gesellschaftlichen Systeme braucht es ebenso ein Verständnis von Reziprozität. Erfordernisse der Erwerbsarbeit sind mit jenen der Familienarbeit und Nachbarschaftshilfe in Bezug zu setzen.

Damit einher geht ein neuer wertschätzender Blick auf Alltagsarbeit, Familie und Fürsorgepraxen. Solange Care als »Frauenthema« gilt, wird es nicht ernst genommen. Damit werden Gestaltungschancen vergeben. Wenn etwa Beschäftigte zukünftig über das 65. Lebensjahr hinaus arbeitsfähig sein sollen, müssen sich Arbeitgeber bereits heute die Frage stellen: Wie können Beschäftigungsverhältnisse und Berufslaufbahnen so gestaltet werden, dass Fachkräfte nicht vorzeitig »ausbrennen«. Vollmobile, ungebundene Singles mögen kurzfristig flexibler einsetzbar sein, auf Dauer aber führen hohe Mobilitätsanforderungen, überlange Arbeitszeiten und eine einseitige Fokussierung auf Erwerbsarbeit zu krankheitsbedingten Ausfällen. Unternehmen sollten sich fragen, welche Auswirkungen Mobilitätsanforderungen langfristig auf das Familienleben haben, wie Beschäftigte Mahlzeiten oder frische Wäsche organisieren, wie sie Krankheiten überstehen, Kinder und ältere Verwandte versorgen, Liebesglück und Trennungen verdauen. Diesbezügliche Angebote des Arbeitgebers wären dann in einem auf Gegenseitigkeit ausgerichteten, geschlechtergerechten Care-System keine Dienstleistungen im Niedriglohnsektor. Und: Diese Themen allein bei den weiblichen Beschäftigten zu vermuten, verkennt die flüssig gewordenen Geschlechter- und Beziehungsgefüge. Der geschiedene Abteilungsleiter wird sich selbst um seine pflegebedürftigen Eltern kümmern müssen. Eine Vision sind »atmende Lebensläufe«[30], in denen über die gesamte Berufslaufbahn kürzere und längere (Teil-)Ausstiege möglich sind, die weder einkommens- noch rentenbezogen zu tiefe Lücken hinterlassen. Beachtenswert ist darüber hinaus der aktuelle Vorschlag der evangelischen arbeitsgemeinschaft familie (eaf), der das »Recht, für andere zu sorgen und umsorgt zu werden«, als Ergänzung im Sozialgesetzbuch I, § 1 fordert. Damit könnte ein Vater gegenüber seinem Arbeitgeber, eine studierende Mutter gegenüber der Prüfungskommission familienbedingte Ansprüche besser geltend machen.

Darüber hinaus braucht es Konzepte für Care-Praxen jenseits familialer oder verwandtschaftlicher Bezüge. Mit der Perspektive einer Caring Community können auch jenseits familialer Verpflichtung verbindliche Sorgebeziehungen auf Zeit und in konkreten Sozialräumen gestaltet werden. Wenn es nicht mehr ein »entweder Familie oder Beruf«, sondern ein kulturell selbstverständliches »Sowohl-als-auch« jenseits geschlechtlicher Zuordnungen und familialer Grenzen gibt, wird damit auch die Anregung von Nussbaum aufgegriffen, dass Menschen sowohl für andere als auch für sich sorgen können, sowohl Nähe als auch Abgrenzung brauchen. Eine solche geschlechtergerechte Gestaltung von Care fördert auch die Auflösung der binären Geschlechtermuster hinsichtlich der Trennung von Autonomie und Angewiesenheit.

Es wäre allerdings naiv, zu behaupten, dass diese Ideen und Konzepte, die in Teilen bereits umgesetzt werden, gänzlich unumstritten wären. Was für die einen als Gewinn an Lebensqualität im Sinne des »guten Lebens« gilt, verknüpft mit Vorstellungen von Geschlechtergerechtigkeit, löst bei anderen Irritationen und Ärger aus. Es sind eher die bürgerlichen und männlichen Eliten, die mit ihrer Kritik an den Veränderungen im Geschlechterverhältnis zugleich auch ihre Sorge um Privilegien verbinden. Zudem kommt darin zum Ausdruck, dass konservative, geschlechtshierarchische und heteronormative Lebensmodelle heute nicht mehr die kulturelle Deutungshoheit haben. Das Unbehagen resultiert mithin aus der Wahrnehmung, nicht mehr die Mehrheitskultur zu repräsentieren. Nicht zu unterschätzen sind die Langzeitwirkungen kultureller Grundierungen. Was noch um 1800 von den geistigen Eliten postuliert und gesellschaftlich als anerkannt galt, etwa die naturbedingte Unterordnung von Frauen unter männliche Herrschaft, die als

Naturtatsache keine Diskriminierung darstellt, klingt heute wie ein maskulinistischer oder extrem evangelikaler Blogbeitrag. Tatsächlich wird in konservativen bis hin zu fundamentalistisch religiös, maskulinistischen bis rechtsextremen Kreisen die Care-Krise schlicht als Symptom des »Untergangs der Familie« beschworen. Hier finden gegenwärtig lautstarke Auseinandersetzungen um die »richtige Familie« und Rückkehr zu traditionellen, »naturgegebenen« Geschlechtermustern statt. Der emeritierte Physiologe Manfred Spreng, der vielfach in evangelikale Kreise eingeladen wird, behauptet etwa, dass die »Fremdbetreuung« von Kleinkindern die »dyadenspezifische Bindung« störe; eine optimale Entwicklung erfordere den »durchgehenden Kontakt zur Mutter«.[31] Die Partei AfD versucht in ihrer Geschlechter- und Familienpolitik, die 1950er-Jahre wiederzubeleben. Staatliche Unterstützung soll auf ehebasierte, »funktionierende Familien« beschränkt sein, die als »Keimzelle der Nation« gelten. Alleinerziehende und gleichgeschlechtliche Familien sollen dagegen diskriminiert werden. Kemper bezeichnet dies als »Familialismus«.[32] Diese Debatten werden gegenwärtig nicht nur in Deutschland geführt, sondern in der gesamten westlichen Welt. Das Erstarken nationalistischer und rechtsextremer Kräfte zeigt: Der soziale und geschlechterpolitische Fortschritt, auf den der Westen so stolz ist, steht auf dünnem gesellschaftlichem Eis.

Die zukünftige Gestaltung von Geschlechterverhältnissen und Care-Arrangements war in der Vergangenheit schon konflikthaft und birgt auch gegenwärtig Sprengkraft. Denn hierin wurzeln historische Konzepte von geschlechtsbezogenen und sozialen Privilegien ebenso wie weit zurückreichende Menschenbilder und Geschlechtermuster. Diese zu ändern brauchte es mehr als 40 Jahre feministische Auseinandersetzungen. Vielleicht ein Grund, mit der nächsten Ausgabe von *Frauen (oder Gender) III* nicht weitere 40 Jahre zu warten. In den aktuellen und zukünftigen Auseinandersetzungen um Gender und Care wird es darauf ankommen, gesellschaftliche Trends und Konzepte zu Care, welcher Provenienz auch immer, sehr präzise daraufhin zu überprüfen, welche Geschlechtermodelle und welche sozialen Folgen sie implizieren. Die Gefahr ist – auch angesichts der skizzierten Kommodifizierung von Care im neoliberalen Kapitalismus –, dass geschlechtliche und soziale sowie ökonomische Ungleichheiten verstärkt werden. Zwar dämmert es uns, dass gute Care-Strukturen für uns alle die Grundlage eines guten Lebens sind. Es braucht aber noch eine Auseinandersetzung darüber, unter welchen Vorzeichen die Sorge für sich und andere gestaltet werden soll. Feministische Initiativen werden weiter neue Wege der Bereitstellung, Anerkennung, Aufwertung und Bezahlung wie auch der gesellschaftlichen Organisation von Care-Arbeit auf lokaler, nationaler und transnationaler Ebene und jenseits geschlechtlicher Zuweisungen suchen und erstreiten müssen.

Anmerkungen

1 Marina Moeller-Gambaroff: »Emanzipation macht Angst«, in: *Kursbuch 47* (1977), S. 1.

2 Die TV-Debatte ist vielfach auch in den Print-Medien aufgegriffen worden, vgl. https://www.hildesheimer-allgemeine.de/news/article/hildesheimer-fragt-merkel-und-ist-enttaeuscht.html

3 Barbara Duden: »Das schöne Eigentum. Zur Herausbildung des bürgerlichen Frauenbildes an der Wende vom 18. zum 19. Jahrhundert«, in: *Kursbuch 47* (1977), S. 133.

4 René Descartes: *Discours de la méthode* [1637]. Herausgegeben von Christian Wohlers. Hamburg 2011.

5 Jeanne Hersch: *Das philosophische Staunen*. München 1989, S. 106.

6 Jean-Jacques Rousseau: *Emile oder Von der Erziehung* [1762]. Zitiert in: Pia Schmid: »Weib oder Mensch, Wesen oder Wissen? Bürgerliche Theorien zur weiblichen Bildung um 1800«, in: Elke Kleinau, Claudia Opitz (Hrsg.): *Geschichte der Mädchen- und Frauenbildung*, Bd. 1. Frankfurt am Main 1996, S. 329.

7 Johann Heinrich Campe: *Väterlicher Rath an meine Tochter* [1789]. Zitiert in: Kleinau/Opitz 1996, S. 331.

8 Gemeint ist damit die Differenzierung zwischen (meist) kostenpflichtigen vollzeitschulischen, personennahen Dienstleistungsberufen versus dualen Fertigungs- und Handwerksberufen mit Lohn für die Auszubildenden.

9 Urs Fuhrer, Haci-Halil Uslucan: *Familie, Akkulturation und Erziehung. Migration zwischen Eigen- und Fremdkultur*. Stuttgart 2005.

10 Paula-Irene Villa: »Autonomie und Verwundbarkeit. Das Social Flesh der Gegenwart«, in: Ilse Lenz, Sabine Everts, Saida Ressel (Hrsg.): *Geschlecht im flexibilisierten Kapitalismus? Neue UnGleichheiten.* Wiesbaden 2017, S. 72.

11 Christa Wichterich: »Flexibilisierung von Gender-Normen und neoliberales Empowerment«, in: Lenz/Everts/Ressel 2017, S. 165.

12 Angela McRobbie: *Top Girls. Feminismus und der Aufstieg des neoliberalen Geschlechterregimes.* Herausgegeben von Paula-Irene Villa, Sabine Hark. Wiesbaden 2016.

13 Andreas Lange, Barbara Thiessen: »Eltern als Bildungscoaches? Kritische Anmerkungen aus intersektionalen Perspektiven«, in: Kerstin Jergus, Jens-Oliver Krüger, Anna Roch (Hrsg.): *Elternschaft zwischen Projekt und Projektion. Aktuelle sozialwissenschaftliche Perspektiven auf Eltern.* Wiesbaden 2017, S. 273–294.

14 Kathrin Peltz, Luisa Streckenbach, Dagmar Müller, Johanna Possinger, Barbara Thiessen: »›Die Zeit kommt nicht wieder‹: Elterngeldnutzung erwerbstätiger Väter in Bayern«, in: *Zeitschrift für Familienforschung* 29 (2017) 1, S. 114–135.

15 Daniela Grunow: »Zwei Schritte vor, eineinhalb Schritte zurück. Geschlechtsspezifische Arbeitsteilung und Sozialisation aus Perspektive des Lebensverlaufs«, in: *Zeitschrift für Soziologie der Erziehung und Sozialisation* (2013) 4, S. 384–398.

16 Kerstin Feldhoff: »Soziale Arbeit als Frauenberuf. Folgen für Sozialen Status und Bezahlung?«, in: Margherita Zander, Luise Hartwig, Irma Jansen (Hrsg.): *Geschlecht Nebensache? Zur Aktualität einer Gender-Perspektive in der Sozialen Arbeit.* Wiesbaden 2006, S. 33–55.

17 Brigitte Aulenbacher; Maria Dammayr: »Zur Ganzheitlichkeit und Rationalisierung des Sorgens und der Sorgearbeit«, in: *Soziale Welt*, Sonderband 20 (2014), S. 135.

18 Helma Lutz, Ewa Palenga-Möllenbeck: »Care-Migrantinnen im geteilten Europa – Verbindungen und Widersprüche in einem transnationalen Raum«, in: *Soziale Welt*, Sonderband 20 (2014), S. 217–231.

19 Maria S. Rerrich: »Von der Utopie der partnerschaftlichen Gleichverteilung zur Realität der Globalisierung der Hausarbeit«, in: Claudia Gather, Birgit Geissler, Maris S. Rerrich (Hrsg.): *Weltmarkt Privathaushalt. Bezahlte Haushaltsarbeit im globalen Wandel.* Münster 2002, S. 16–29.

20 Hannah Arendt: *Vita activa oder Vom tätigen Leben.* München, Zürich 2002.

21 Martha Nussbaum: *Gerechtigkeit oder das gute Leben.* Frankfurt am Main 1999, S. 193 f.

22 Ebd., S. 194.

23 Ebd., S. 195.

24 Ebd., S. 201.

25 Cigdem Kağıtçıbaşı: »Autonomy and Relatedness in Cultural Context: Implications for Self and Family«, in: *Journal of Cross-Cultural Psychology*, 36 (2005), S. 403–422.

26 Judith Butler: *Haß spricht. Zur Politik des Performativen.* Berlin 1998, S. 198.

27 Ebd., S. 85.

28 Christel Eckart: »Zeit zum Sorgen. Fürsorgliche Praxis als regulative Idee der Zeitpolitik«, in: *Feministische Studien*, 18 (2000), S. 9–24.

29 Diese Überlegungen beruhen auf der fruchtbaren Zusammenarbeit mit Karin Jurczyk und Maria S. Rerrich und werden von uns gemeinsam unter dem Stichwort »reziprozitätsorientierte Prinzipien in der Gestaltung von Care« in Kürze publiziert.

30 Karin Jurczyk: »Warum ›atmende‹ Lebensläufe?«, in: *Zeitpolitisches Magazin* 13 (2016) 28, S. 23–26.

31 Manfred Spreng: *Es trifft Frauen und Kinder zuerst. Wie der Genderismus krank machen kann!* Barthelmesaurach 2015, S. 11.

32 Andreas Kemper: *Keimzelle der Nation – Teil 2. Wie sich in Europa Parteien und Bewegungen für konservative Familienwerte, gegen Toleranz und Vielfalt und gegen eine progressive Geschlechterpolitik radikalisieren.* Friedrich-Ebert-Stiftung, Berlin 2014.

Moshtari Hilal

Das Mädchen mit dem Damenbart

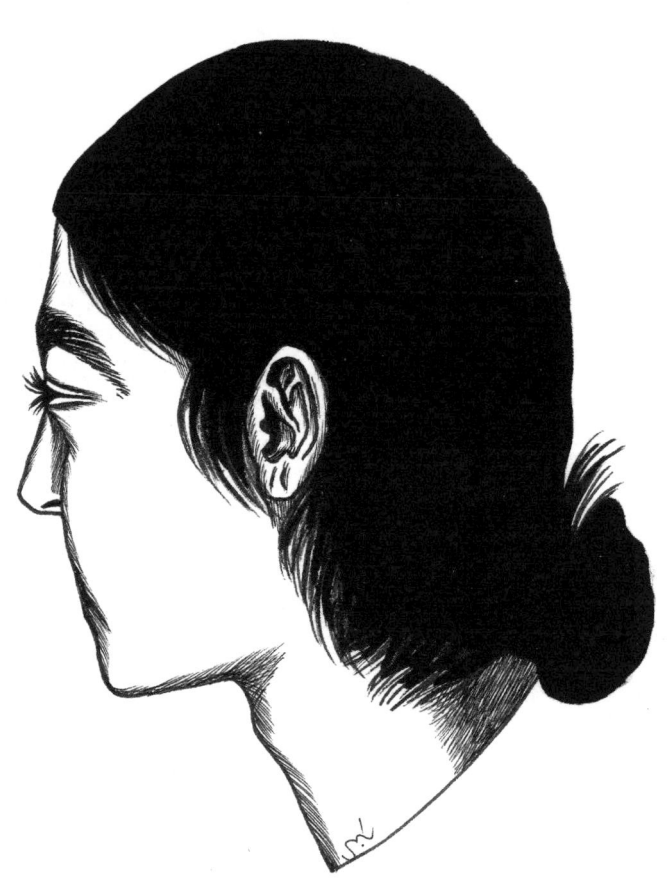

Paula-Irene Villa
»Frauen«
Warum es sie gar nicht gibt und man trotzdem über sie redet

Klar kann man heute über Frauen reden. Auch schreiben. Also über
»Frauen«. So geht es schon, das Reden und Schreiben über Frauen –
»Frauen« in Anführungszeichen. Warum das? Weil es *die* Frauen nicht
gibt. Das mag sich versponnen oder elitär anhören (und als Diffamie-
rung taugt die Kombination, elitär-versponnen, zum allseits beliebten
Schenkelklopfer), ist es aber nicht. Im Gegenteil.

Warum also sollte es die Frau oder die Frauen nicht geben? Und warum kann man nicht – ohne Weiteres – davon schreiben? Diese Anführungszeichen nerven. Sie verkomplizieren, machen stolpern. Und genau
darum geht es bei den Anführungszeichen: Sie nötigen zur Distanz, sie
heben den Begriff aus dem Fluss der unbedachten, darin besonders wirk-
mächtigen Routinesprache, um ihn so zum Thema der Sprache, des Spre-
chens zu machen. In »Frauen« ist die Aufforderung enthalten, sich über
»Frauen« Gedanken zu machen und sich auf die Möglichkeit einzustellen, dass nicht so sehr diese, sondern dieser Begriff zum Thema der Rede
wird.

Das nervt. Es verhunzt die Sprache, sagen manche. Es verkompliziert un-
nötig, sagen andere. Es lenkt vom Eigentlichen ab, sagen auch welche. Ein
Sprachspiel also, das der Würde des stimmigen Sprech- und Schreib-
flusses nicht angemessen ist und sich letztlich mehr zur Zurschaustellung der eigenen Oberschläue denn dazu eignet, etwas auf den Begriff
zu bringen.

Womöglich stimmt das – auch. Eventuell und unter Umständen. Je
nach Kontext und Effekt. Wer kontrolliert schon die Rede, die allgemeine, die der anderen, auch die eigene? Wer weiß schon, was er redet

und was sie sagt, wenn doch alle an der Rede mitreden? Wenn ich schriebe: »Sie weiß nicht, was sie sagt« – wissen Sie dann, wen ich meine und wie ich das meine? Und wer sie ist? Das generische Femininum? Die Frau, an und für sich? Sie, die *eine* konkrete Person? Genau. Es ist nicht klar. Und so verhält es sich auch mit Frau. Es kann sein, dass die »Frauen« auch zum distinguierten Sprachspiel taugen. Die »Männer« erst recht übrigens. Aber dieser Mehrwert verweist auch darauf, dass die Uneigentlichkeit Sinn ergibt. Sonst wäre es nicht als Schlaumeierei tauglich.

Die Frau in Anführungszeichen

Was ist nun also mit der Uneigentlichkeit der »Frau«? Warum Anführungszeichen? Weil es keine fixierbare Eigentlichkeit gibt, kein So-seiendes-Frausein. Weil es die Frau nicht als Ontologie gibt. Frau ist eine soziale Konstruktion. Die »Frau« ist die eine Seite einer Geschlechterdifferenzierung, die aus Biologischem wie Kulturellem besteht. Besser, weil genauer entlang der soliden Forschung gesprochen: die aus physiologischen, somatischen und bedingt verfügbaren Dimensionen in und durch deren kulturelle Deutung in sozialen Praxen besteht, die ihrerseits historisch geworden, institutionell gerahmt und auch Gegenstand andauernder politischer, juristischer und kultureller Auseinandersetzungen sind. Hört sich kompliziert an? Ist es auch. Andererseits ist die Idee ganz einfach: Die Frau ist Teil einer natürlich sozialen und sozial natürlichen Geschlechterdifferenz. Darin involviert sind also Biologie, Praxis, Geschichte, Materialität, Kultur, Politik. Mindestens. Die Geschlechterdifferenz ist dabei so authentisch unmittelbar, etwa im Erleben, wie sie eine abstrakte, zugleich hinter dem Rücken der Menschen wirkende soziale Struktur ist. Die Geschlechterdifferenz ist ominös. Faktisch im Lichte ihrer historischen Kontingenz, subjektiv im Horizont ihrer verobjektivierten Festigkeit, gestaltbar im Kontext der (Un-)Verfügbarkeit, unter Umständen in ihrer strukturellen Omnipräsenz durchaus relativierbar.

Man, frau, »frau« lasse sich von dieser, zur Erläuterung notwendigen Eloquenz nicht täuschen. Die Differenzierung nach Mann(-Sein) und Frau(-Sein) ist außerordentlich real. Sie wird erlebt und gefühlt, sie entwickelt einen materiellen Eigensinn, sie ist ein kleiner Unterschied mit großen, trägen, strukturellen und so unmittelbar erfahrbaren wie vermittelt hinter dem Rücken der Beteiligten wirksamen Folgen. Die Geschlechterdifferenz als Diskurs und verobjektivierte Gesellschaftsstruktur ordnet Menschen und ihre Praxen in kaum zu überschätzender Weise ein und zu.

Wer als Frau positioniert ist, wird statistisch gesehen öfter und eher unter sexualisierter Gewalt leiden. Wer als Frau positioniert ist, hat in Deutschland eine längere Lebenserwartung als »Männer«. Wer als Frau positioniert ist, wird in Deutschland statistisch gemittelt wesentlich weniger Einkommen und Rente beziehen, unter anderem weil »sie« deutlich mehr in Teilzeit erwerbstätig und deutlich mehr im unbezahlten Care-Bereich tätig ist. Wer als Frau positioniert ist, wird weltweit systematisch in vielen relevanten Bereichen diskriminiert, exkludiert, prekarisiert leben – im Vergleich zu »Männern«. Wer als Frau positioniert ist, wird zwar vielfach Opfer von Krieg, aber seltener als Soldatin daran beteiligt sein. Warum also angesichts dieser, statistisch sehr gut belegbaren, Effekte des »Frauseins« die konstruktivistische Dekonstruktion, die in diesen hässlichen Anführungszeichen mündet? Was bringt das?

Die einfache und statistisch ebenso gut begründbare Antwort: Weil die oben exemplarisch angeführten Effekte nicht für alle Frauen gelten – es gibt sehr wohl Soldatinnen und gewalttätige Mörderinnen, es gibt sehr wohlhabende und mächtige Frauen, es gibt jung sterbende oder wenig fürsorgende Frauen – und weil diese Korrelationen keine einfachen Kausalitäten im naturalistischen Sinne sind. Weder sind Frauen an sich Gewaltbetroffene, noch liegt dies in ihrem Frausein zwingend begründet. Aber kollektive und realitätsmächtige Annahmen – Frausein sei dies oder jenes – sind durchaus die Ursache für genannte Effekte: Insofern das Frausein als Schwäche, als Fürsorglichkeit, als Mütterlichkeit, als Geschlechtlichkeit und nicht als Menschsein verstanden und gelebt wird, realisiert es sich auch in den beschriebenen Weisen. Nicht nur, aber doch wesentlich nach wie vor als Abwertung und Prekarisierung des eigenen Subjektstatus.

Im Sinne also einer gesellschaftlich hervorgebrachten Differenzkategorie – die Frau/der Mann – gibt es Frauen, also »Frauen« schon. Und so kann man auch über sie sprechen. Es gibt sie also, die Frauen – nicht aber, sondern insofern – als echte, reale, distinkte Gruppe. Als Effekt von Gruppierung. Ganz kurz und knapp: Die Geschlechterdifferenz ist das vorläufig verfestigte Symptom andauernder Differenzierung: *doing gender*, Entdifferenzierungsdynamik inbegriffen. Es gibt auch die subjektiv-objektive Wirklichkeit des *undoing gender*.

Für diese ominöse Gleichzeitigkeit von uneigentlicher Eigentlichkeit der Geschlechterdifferenz ist die Moderne verantwortlich. In ihr ist beides, und zwar zugleich angelegt: Man kann die Moderne verstehen als Geschichte der »Entzauberung« im Sinne Max Webers.[1] Als historische Dynamik von diesseitigen Rationalisierungen also, die die aufklärerische Vernunft zur Leitmaxime von Weltdeutung erhebt. Als Ver(natur)wissenschaftlichung von Alltagswissen. In Bezug auf die Geschlechterdifferenz bedeutet dies, wie Legionen von Historiker*innen für das lange 18. Jahrhundert rekonstruiert haben, deren Reontologisierung durch die Fixierung der Eigentlichkeit in und am Naturkörper: Immer wieder neu wird seitdem entdeckt, was unveränderlich, ahistorisch und außersozial die Frau definiert. Im Übrigen, logischerweise, eigentlich auch den Mann. Aber, wir sollten staunen, der wird historisch weitaus seltener zum Rätsel der Geschlechterontologie. Was kein Zufall ist, denn der »Mann« ist eben auch nicht, so an sich, Geschlecht. Er ist *der* Mensch. Jedenfalls dem Gros der Selbstverständigungstexte der Moderne zufolge, von der ursprünglichen Erklärung der Menschen- und Bürgerrechte über das »freie, gleiche« Wahlrecht bis zu den familienrechtlichen Definitionen ehelicher Pflichten im Westdeutschland der 1970er-Jahre.

Wurde also »die Frau« im 19. Jahrhundert auf ihre Eierstöcke oder Gebärmutter festgelegt – »alles, was wir an dem wahren Weibe Weibliches bewundern und verehren, (ist) nur eine Dependenz der Eierstöcke«, wusste der liberale, wissenschaftlich hoch angesehene Arzt und Sozial-mediziner Rudolf Virchow 1848[2] –, so sind es aktuell wahlweise das Ge-hirn, die Hormone oder auch die Chromosomen, die vorgeblich die ontologische Eigentlichkeit der Geschlechterdifferenz in sich tragen. Keine andere Leitdifferenz der Moderne ist derart eng an ein biologis-tisches Verständnis geknüpft.

Nun lässt sich schon allein an der Wissenschaftsgeschichte sehen, wie vorläufig – und bisweilen auch ideologisch – diese vorgeblich objektive Eigentlichkeit der Geschlechterdifferenz ist. Weder Gebärmutter noch Gene, weder Neuronen noch Hormone sind nachhaltig und hinreichend geeignet, die Menschheit im Sinne von »Frau« und »Mann« klar zu un-terscheiden. So sind zum Beispiel männliche und weibliche Hormon-niveaus Ergebnis statistischer Berechnungen von Mittelwerten. Diese sind zudem im Tages- und Monatsverlauf dynamisch, sie hängen ab von einer Fülle an Faktoren. »Echte« Männer und Frauen bilden sich in ihnen daher nicht wirklich ab. Ganz ähnlich sieht es mit der Klarheit einer messbaren Geschlechtergrenze aus, wenn man die Ergebnisse der Neu-rologie wirklich ernst nimmt. Dies als naive oder wiederum ideologische Leugnung naturwissenschaftlicher Tatsachen aufzufassen ist ein – der-zeit weitverbreitetes – Missverständnis. Denn dass es systematische mor-phologische und für die sexuelle Fortpflanzung des Säugetiers Mensch wesentliche Differenzen gibt, ist damit unbestritten: Befruchtung und Meiose, dann Schwangerschaft und Stillen, dies sind biologische Tatsa-chen, die niemand leugnen kann. Und doch begründen diese wesent-lichen Differenzen nicht die gesellschaftlichen Konsequenzen, die die Geschlechterdifferenz andeutet.

Was aber folgt aus diesen »kleinen Unterschieden«? Was bedeuten sie für das Frausein mit allen großen Folgen, die das hat? Das ist die Frage, die sich an der Geschlechterdifferenz in der Moderne entzündet. Immer wieder neu. Und immer wieder als Deontologisierung, als Prekarisierung eben dieser Eigentlichkeit. Denn diese zwar vorläufige, aber doch em-pirisch belastbare Differenz wird empirisch immer wieder prekär. Es ist zwar klar, dass Hormone und Gene durchaus eine Rolle spielen, etwa bei der tragisch ungleichen Lebenserwartung zwischen Männern und Frauen in der Gegenwart oder bei den Rekorden im Spitzensport. Wie genau und zu welchem exakten Grad, das ist wiederum nicht so klar. Denn Lebenserwartungen haben bekanntlich auch viel, ja systematisch, mit Lebensumständen zu tun: mit Krieg und Frieden, mit Berufs- und Geburtsrisiken, mit Hunger und Adipositas, mit Gewalttaten und -opfern, mit gefühliger Affizierbarkeit und harter Unberührbarkeit, mit Armut oder Luxus, mit Hautfarbe, Pass, Region, Religion, vielleicht auch mit Musikvorlieben oder Sportvorlieben. Das heißt, im weitesten Sinne soziale Bedingungen und Praxen machen einen wesentlichen Teil der Faktoren aus, die Lebenserwartung, Sportrekorde und vieles mehr bestimmen, das dann entlang der Geschlechterdifferenz sortiert wird. Wohlgemerkt: *Wird.* Nicht zwingend *ist*, in einem naiven Sinne von an und für sich so seiend.

Noch wesentlich unklarer ist, welche Rolle Befruchtung, Gebärmutter, Meiose, Gene oder neuronale Netze spielen bei der Tatsache, dass in Deutschland etwa 29 Prozent Professoren weiblich sind (bei einer Grundgesamtheit von mindestens 50 Prozent weiblichen Absolventen). Was ja angesichts der Gleichheits- und Freiheitsversprechen der Moderne entweder skandalös oder anhaltend mysteriös ist. Außer, man nimmt an, dies habe mit sozialen Bedingungen und Praxen zu tun, die den Frauen und den Männern etwas unterstellen, zumuten oder großzügig zutrauen, was die Gene oder Hormone allein nicht liefern. Sonst hätten die 29 Prozent ja gravierende genetische oder hormonelle Störungen.

Dass man dies durchaus so sehen kann, ist noch gar nicht so lange her, finden wir doch solche Töne in einem noch heute lesenswerten Gutachten über das Frauenstudium, verfasst von über 100 honorigen Gelehrten und (Natur-)Wissenschaftlern um 1897, herausgegeben von Arthur Kirchhoff.

Die Natur der Geschlechterdifferenz war der Dreh- und Angelpunkt aller Argumentationen in diesem Gutachten. Sie, die Eigentlichkeit der Differenz, war im Übrigen auch der Bezugsrahmen für so manchen Befürworter des Frauenstudiums, etwa bei Max Planck. Wie die Kulturwissenschaftlerin Christina von Braun schreibt, »ging es in dieser Debatte [...] weniger um den Kopf der Frauen« (und der Männer schon gar nicht), »als um den Unterleib der Frau«.³ Genauer: um ihren Uterus. Der Nationalökonom Lorenz von Stein vertrat die Ansicht, dass »die Frau, die den ganzen Tag hindurch am Pulte, am Richtertisch, auf der Tribüne stehen soll, [...] sehr ehrenwert und nützlich sein [kann], aber sie ist keine Frau mehr, sie kann nicht Mutter sein«. Der Historiker Heinrich von Treitschke sekundierte: »Durch die Gleichberechtigung der Frau mit dem Manne ergibt sich von selbst die Auflösung aller häuslichen Liebe und Zucht, und die Ehe verwandelt sich in ein Konkubinat.« Und schließlich, in den Worten eines damaligen Rechtshistorikers: »Weibliche Rechtsanwälte und Notare? Oder weibliche Richter? Oder weibliche Staatsanwälte? Oder weibliche Verwaltungsbeamte? Mit jedem Schritt vorwärts beträte man hier die abschüssige Bahn, auf der es keinen Halt mehr gibt, bis die Austilgung der Unterschiede der Geschlechter im öffentlichen Recht erreicht ist. [...] Unsere Zeit ist ernst. Das deutsche Volk hat anderes zu thun, als gewagte Versuche mit Frauenstudium anzustellen.«⁴

So sehr derartige Untergangsfantasien und die darin lustvoll mobilisierten Veruneindeutigungsphobien heute in manchen Kreisen – rechts wie links im Übrigen – Urstand feiern, sie haben sich schlichtweg empirisch nicht bestätigt. Es stimmt einfach nicht, was in upgedateter Form Norbert Bolz in seiner Streitschrift 2006 formuliert: »Je erfolgreicher die Wirtschaft und je gebildeter die Frauen, desto unfruchtbarer eine Nation. Frauen verdienen mehr und gebären weniger. Die Emanzipation der Frau vollzieht sich als Entwertung der Mutterschaft und der Männlichkeit. [...] Karrierefrauen tendieren nämlich zur genetischen Impotenz. [...] Die Faustregel lautet: je produktiver, desto weniger reproduktiv.«⁵ Empirisch ist das grober Unfug. Und eine grobe Verunglimpfung der Männlichkeit dazu.

Aber das Muster der Vereigentlichung ist deutlich: Die naturwissenschaftlich immer wieder vorläufig verobjektivierte Differenz Frau/Mann bricht sich an der historisch gut rekonstruierbaren Unmöglichkeit, sie nachhaltig derart dingfest zu machen, dass von »der Frau« die redliche Rede sein kann. Und doch wird entlang dieser Differenz als Eigentlichkeit sortiert. Entgegen einiger empirischer Evidenz zwar, dafür aber umso vehementer und struktureller. Warum? – Das ist eine womöglich andere Frage. Aber feststellbar ist, dass Gebär- und Zeugungsfähigkeit, Gene oder Hormone die unverfügbare Basis für das komplexe, amorphe, vieldeutige Geklumpe »Frau« nicht hergeben, das uns im Alltag nicht nur so geläufig, sondern so überaus wirkmächtig ist. Hier also setzen sich schon Anführungszeichen fest.

Sie werden dadurch verstärkt, dass empirisch übrigens ebenso trivial wie folgenreich gilt, dass Menschen nie nur Frau oder Mann sind. Egal, was man sich dazu anschaut oder in Anschlag bringt: Gene, Hormone, Praxen, Berufswahl, Mutterschaft, Lebenserwartung, Spitzensport – whatever: Immer, unausweichlich und – im Sinne der redlichen empirischen Beobachtung – unhintergehbar sind Menschen auch in komplexen, wir sagen heute: intersektionalen, Verhältnissen positioniert, in denen ihrerseits verschiedene Differenzen miteinander verschränkt sind: Klasse, Alter, Sexualität, Region, Bildung usw. Diese Differenzen sind jeweils von unterschiedlicher Textur, aber das ist hier nicht entscheidend.

Wesentlich ist indes, dass das »Frausein« (wie das »Mannsein«) ganz und gar nicht unberührt, unbefleckt – um ein spezifisches Bild von Weiblichkeit aufzurufen – bleibt von diesen weiteren Positionierungen und Faktoren. Wie auch umgekehrt gilt, dass die anderen Faktoren, Differenzen, Verhältnisse nicht unabhängig sind von den biologischen Dimensionen und den sich darauf in naturalisierender Weise beziehenden Deutungen. Und das bedeutet in der Folge: Nicht alle Frauen und nicht jede Frau im Einzelnen lebt länger als jeder Mann. Nicht jeder Mann macht Karriere als Professor, auch nicht zwei Drittel der Uni-Absolventen. Nicht jede Frau hat eine Gebärmutter und nicht jede hört die Nachwuchsuhr ticken. Nicht in jeder Situation ist es wichtig, dass eine Person eine Frau ist. Und sie ist es schon gar nicht allein deshalb, weil und insofern sie X-Chromosomen hat (wenn es denn so ist) oder eine Gebärmutter. Oder anders: Was bleibt von »Frau«, wenn das angeblich Eigentliche sich verflüchtigt?

Sexueller Dimorphismus zum Zwecke der Reproduktion ist aller empirischen Evidenz nach das eine (man könnte dies *sex* nennen), das »Frausein« (also *gender*) das andere. Zwischen beiden Formen gibt es mehr oder weniger enge Beziehungen und wechselseitige Konstitutionsformen, aber keine Eins-zu-eins-Abbildbarkeit aufeinander.

Diese Prekarisierung der Eigentlichkeit, also Entkopplung von diesseitiger Verwissenschaftlichung einerseits und empirischer Beobachtung jenseits naturalisierender Ideologie andererseits, ist nun ebenfalls Teil der Moderne, um zum Ausgangspunkt zurückzukehren. Man kann ja, was ich hiermit auch bewusst tue, die reflexive oder Postmoderne als Radikalisierung der diesseitigen Rationalisierung verstehen, als Reflexivierung der Rationalisierungsdynamiken selbst. Als Umschlag von einer Moderne an sich in eine Moderne für sich, und zwar mit ihren eigenen Mitteln.[6] Die Postmoderne wäre dann das sich selbst bewusste Wissen um den von Weber bereits für die Moderne diagnostizierten »Polytheismus der Werte«, so etwa Wolfgang Welsch.[7] Emphatischer formuliert: In der (Post-)Moderne wissen die Menschen, dass sie sich – frei nach Marx – ihre Geschichte »selbst machen« (können).[8] Aber, kritisch gewendet, eben nicht aus freien Stücken. Und schon gar nicht, um es mit heutigem Duktus zu sagen, alle gleichermaßen.

Die Prekarisierung der Eigentlichkeit beginnt nicht erst mit dem Diktum von Simone de Beauvoir: »Man kommt nicht als Frau zur Welt, man wird es.«[9] Schon Sojourner Truth, eine befreite Sklavin in den USA, formulierte 1851 die Frage, die die »Frauen« seitdem nicht mehr loswerden: »Ain't I a woman?« Sie stellte einer Versammlung von Frauenrechtlerinnen in den USA diese Frage, und brachte dabei ihre Erfahrungen als schwarze Sklavin, die ausgepeitscht worden war, körperlich geschuftet und Kinder geboren hatte, in Anschlag. Ein Frausein, das sich drastisch von den Erfahrungen und Annahmen der Weiblichkeit unterschied, welche die weißen, bürgerlichen Frauen im Saal für das Allgemeine hielten. Ain't I a woman?, fragten sinngemäß die lesbischen Frauen, die sich in die zweite Frauenbewegung einbrachten. Und die schwarzen, feministischen Aktivistinnen wie zum Beispiel bell hooks. Hedwig Dohm sagte es 1900 so: »Was ist denn das – ›ein wahres Weib‹ (sic!)? Muss ich, um ein wahres Weib zu sein, bügeln, nähen, kochen und kleine Kinder waschen?«[10] Tatsächlich 1900.

Auch wenn de Beauvoir nun nicht die Erste war, die das *Gewordensein* des Geschlechts gegen die Annahme eines »unveränderlichen Wesens«[11] argumentativ in Stellung bringt, so hat sie dies doch als Erste entlang historischer Empirie theoretisiert. Sie hat damit die selbstherrliche Moderne nachhaltig erschüttert. Denn de Beauvoir hat, womöglich stärker durch die Rezeption ihrer Werke als in ihren Texten selbst, den hegemonialen Diskurs der Natürlichkeit und damit die Ontologie der Geschlechterdifferenz herausgefordert. Es reicht eben nicht, so de Beauvoir, einfach als Frau – was auch immer das sei – geboren zu sein, um eine Frau zu sein. Vielmehr müssen Menschen zu Frauen *werden*, um Frauen zu sein. Dies geschieht in herrschaftsförmigen Prozessen der Ver-Änderung, bei denen Frauen zu einem Geschlecht werden beziehungsweise sich selber dazu machen und Männer die volle Freiheit der universalen Transzendenz realisieren. Dass auch Frauen dies könnten, ja sollten, das stand für de Beauvoir außer Frage. Nicht zuletzt verkörperte sie selber genau diese genuin menschlich-universale Idee – jedenfalls der existenzialistischen Philosophie nach.

Doch sie erlebte dabei auch, was sie in ihrem Buch beschrieb, und was vor allem die Frauen-, dann Geschlechterforschung in unendlich vielen Studien rekonstruiert haben: Wer sich den normativen Imperativen der Weiblichkeit, des »Frauseins« nicht fügt, gerät in den Verdacht, keine, also keine wirkliche Frau zu sein: Bücher statt Kinder? Öffentliche Politik statt privat-familiärer Sonntagsbraten? Unabhängigkeit statt Ehe? Mit der stimmt doch was nicht! Übrigens: Wer meint, das sei doch so gestrig und vorbei, der oder auch die recherchiere bei Twitter oder in Reddit-Foren, wie Frauen angegangen werden, die sich öffentlich äußern, die sich gar in Männerdomänen wie Computer-Games oder Fußball wagen, oder die schlicht auf das Recht am eigenen Körper bestehen. Sexualisierte Gewalt ohne Ende findet sich da, als zugleich hilflose und reale Drohung, sie – die Frau – wieder zu sich zu bringen.

Denn das ist die Frau eben auch: ein Ordnungsmuster von enormer Wirkmächtigkeit. Die kaum zu überschätzende Pointe der Formulierung von de Beauvoir besteht in der Anerkennung, dass das Werden auf ein Sein hin orientiert ist, das sich offensichtlich nicht von selbst realisiert. Sonst wäre es kein Sosein.

Und da es mit dem Sosein nicht so einfach ist, und da dies beim Geschlecht wie bei vielen anderen Personen- und Gruppenkategorien in der Moderne seit Jahrzehnten, ja seit Jahrhunderten zum Politikum geworden ist, gibt es heute die Anführungszeichen. Als Ausdruck einer Fähigkeit, das eigentlich Uneigentliche oder das uneigentlich Eigentliche sagbar zu machen. Als Ausdruck einer gesellschaftlich gewordenen Reflexivität.

Darüber gibt es, logisch, Auseinandersetzungen. Schon die Frage, ob die Anführungszeichen mitsprechbar seien, ob das zur Rede dazugehören kann, ist Ausdruck der Uneigentlichkeit, die in diesen Anführungszeichen lediglich unhintergehbar markiert, also vorläufig fixiert ist. Wenn also in der Rede die Gestik der Anführungszeichen vollzogen wird, und wenn darüber gespottet wird, so kommt gleichermaßen die Form zum Ausdruck, in der heute über Frauen gesprochen werden kann, gesprochen werden sollte. Nämlich als »sozusagen«. »Frauen«, wie übrigens auch zunehmend »Männer«, sind also durchaus ein Ding – aber ein uneigentliches. »Frau« wie »Mann« ist eine soziale Tatsache, ein ominöses Faktum. Oder, ganz trivial, Frau ist nicht gleich Frau.

Ach, damals. Als man – frau? – noch richtig frau schreiben konnte. Ungebrochen. Ohne Anführungszeichen, ganz einfach so. Als dieser ganze Genderqueer-Wahnsinn noch nicht Einzug gehalten hatte in die klare Wirklichkeit. Als sich der Feminismus mit echten Frauen und ihren echten Problemen befasste, Frauenforschung echte Forschung über echte Wirklichkeiten betrieb und das kritische Abendland ansonsten in Ruhe weiter aufklärungserhellt Kurs hielt. Warum geht das nicht mehr? Was hat uns bloß so ruiniert?

Das Klagen über den Verlust der Frau ohne Anführungszeichen ist vielstimmig und laut, erklingt im Feuilleton, in den sozialen Medien, in Parteiprogrammen und in Sachbüchern. Da schnauben einige zynisch-verbittert, der eigentliche Hauptwiderspruch – das neoliberal-kapitalistische Ausbeutungsverhältnis (im Singular, versteht sich) – müsse endlich wieder in den Blick genommen werden. Dann würde auch klar, was mit den Frauen sei: Unterjocht sind sie im Dienste einer globalisierten Profitökonomie. Es braucht solidarische Gerechtigkeit im Namen der Frauen dieser Welt!

Aus der Mitte wird eloquent geraunt, dass die Gleichheit der Frau(en) durchgesetzt sei, man diskutiert über die Berechtigung von Quoten und den Nebenwiderspruch eines Gender Pay Gap, der sich gegen den Glauben an die Gleichheit als resistent erweist. Und auf der rechten Seite des Parteienspektrums zeugen Plakate von der Zeugungsfähigkeit der deutschen Frau, die selbst Kinder bekommen kann und dafür keine migrantische Unterstützung brauche.

In dieser Vielstimmigkeit ist man sich von der AfD über die Junge Union bis zu den anti-queeren Feministen/Feministinnen einig: Den Tod der Frau verantwortet »dieses Gender«. Der Gender-Wahnsinn. Es ist eine wahrlich interessante Diskursgemeinschaft, die sich in der Ablehnung von »Gender« – was auch immer sich die Gegnerschaft darunter vorstellt – findet. Gender ist nicht der neue Feind in der Geschlechterdebatte, dafür ist ein Fachbegriff auch viel zu körperlos und unbestimmt, meint doch Gender nicht mehr als den Beitrag des Sozialen zur Produktion von Geschlecht. Viel mehr als für ein im engeren Sinne neues Fremdes steht Gender für den neuen *Fremden*. Ganz gemäß Zygmunt Bauman: Gender verkörpert die Kontingenz des Soseins, darum ist es denjenigen verdächtig, die in klaren Freund-Feind-Schemata besser zurechtkommen als in der *fuzzy logic* der modernisierten Moderne. Diese kennzeichnet sich durch eine Ambivalenz von Differenzversiertheit und Differenzierungszwang. Von Differenzieren-*Können*, es aber auch *müssen*. Und zwar selber. Darüber, das elitär oder versponnen zu finden, sollten wir reden.

Anmerkungen

1 Max Weber: »Wissenschaft als Beruf«, (1922) In: ders.: *Gesammelte Aufsätze zur Wissenschafts-lehre.* Herausgegeben von Johannes Winkelmann. Tübingen 1985.

2 Zit. nach Ulrike Klöppel: *XX0XY ungelöst: Hermaphroditismus, Sex und Gender in der deutschen Medizin. Eine historische Studie zur Intersexualität.* Bielefeld 2010, S. 257.

3 Christina von Braun: »Warum Gender-Studies?« in: *Reihe Öffentliche Vorlesungen. Heft 92.* Humboldt-Universität Berlin 1998. Online unter: http://edoc.hu-berlin.de/humboldt-vl/braun-christina-von/PDF/Braun.pdf

4 *Die akademische Frau. Gutachten hervorragender Universitätsprofessoren, Frauenlehrer und Schriftsteller über die Befähigung der Frau zum wissenschaftlichen Studium und Berufe.* Herausgegeben von Arthur Kirchhoff. Berlin 1897 (Volltext unter https://archive.org/details/bub_gb_n7EWAAAAIAAJ). Vgl. auch: Christina von Braun: »Gender, Geschlecht und Geschichte.« In: dies., Inge Stephan (Hrsg.): *Gender-Studien. Eine Einführung.* Stuttgart 2006, S. 27ff.

5 Norbert Bolz: *Die Helden der Familie.* Paderborn 2006, S. 67.

6 Zygmunt Bauman: *Moderne und Ambivalenz. Das Ende der Eindeutigkeit.* Hamburg 2005, S. 160f., 428f.

7 Wolfgang Welsch: *Unsere postmoderne Moderne.* Berlin 2002, S. 189.

8 Karl Marx: *Der achtzehnte Brumaire des Napoleon Bonaparte.* (1852) In: *MEW*, Bd. 8. Berlin 1960.

9 Simone de Beauvoir: *Das andere Geschlecht. Sitte und Sexus der Frau.* (1949) München/Zürich 1961, S. 433.

10 Hedwig Dohm: »Sind Berufstätigkeit und Mutterpflichten unvereinbar?« (1900) In: dies.: *Ausgewählte Texte.* Herausgegeben von Nikola Müller, Isabel Rohner. Berlin 2006, S. 206–201.

11 Beauvoir 1961, S. 432.

Gertrud Lehnert

Der kleine Unterschied
Weibliche Modelust und männlicher Modefrust

Mode ist Frauensache! – *Ist* Mode Frauensache?

In den Geschäften, egal ob Fast-Fashion-Ketten, Mittelklasse-Warenhäuser oder Luxusläden, gibt es größere Damenabteilungen als Männerabteilungen und mehr Damenkollektionen als Männerkollektionen.[1] Auf den Fashion Weeks und Haute-Couture-Schauen nehmen die Kollektionen für Frauen mehr Raum ein, und sie sind in der Regel experimenteller und fantasievoller als die Männermoden: In der Frauenmode finden heute die Innovationen und Experimente statt. In Renaissance und Barock war das noch anders, da war die Männermode aufregender. Und noch heute übernehmen Frauen nicht ungern männlich definierte Kleidungselemente, während der umgekehrte Fall äußerst selten ist. Der Rock hat sich als Männerbekleidung immer noch nicht durchgesetzt, Hosen für Frauen dagegen sind schon seit mehr als einem Jahrhundert eingeführt und werden längst nicht mehr als spezifisch männlich wahrgenommen. Seit sich die aus dem Sport stammende Funktionsbekleidung für den Alltag durchgesetzt hat, gibt es zwischen den vestimentären Erscheinungsbildern der Geschlechter, zumindest derjenigen, die sie bevorzugt tragen, kaum mehr Unterschiede. Jedoch: Zur Boyfriend-Jacke für Frauen gibt es noch kein männliches Gegenstück: Girlfriend-Jackett für Männer? Die Bezeichnung würde wirklich auffallen, und nicht unbedingt positiv. Aber warum eigentlich?

Schaut man sich an, wer die Mode macht, wer also die sogenannte kreative Arbeit leistet, fallen neben (mittlerweile) vielen weiblichen die überproportional vielen männlichen Modeschöpfer (wie man früher pathetisch sagte) ins Auge. In der konkreten Herstellung hingegen, also in der Produktion der Konfektionskleidung und der Fast Fashion, sind, vor allem in den Niedriglohnländern, mehr Frauen zu menschenunwürdigen Löhnen und Arbeitsbedingungen beschäftigt als Männer. Dieser Umstand ist aber nie gemeint, wenn von Mode als Frauensache gesprochen wird. Mode gilt als Frauensache, wenn es um den Konsum und die Beschäftigung mit Mode geht, darum also, welche Rolle die Mode im Leben von Frauen spielt. Seit wann ist das so? Und warum ist das so? Hat es mit der Mode selbst zu tun, oder gibt es dafür ganz andere Gründe, die auf die Mode projiziert werden?

Unter »Mode« verstehe ich im Weiteren Bekleidung, die als Mode produziert, beworben, besprochen, gekauft und getragen wird; Bekleidung also, die versehen wird mit Versprechungen: schöner, origineller, erotischer oder strenger, man selbst oder eine ganz andere sein zu können. Nur nützlich muss sie nicht sein – nützlich ist Kleidung.

Mode bietet endlose Möglichkeiten des Self Fashioning, ohne jedoch die Originalität, die sie verspricht, wirklich zu ermöglichen – denn zu Mode wird nur, was viele übernehmen. So greifen modische Menschen zu Bricolage, das heißt, sie mischen möglichst eigenwillig unterschiedliche Stücke und Stile. Aber auch das ist bekanntlich längst kommerzialisiert worden und wird von allen Modemagazinen und Blogs propagiert und beispielhaft vorgeführt. Nichtsdestoweniger: Kleider und Accessoires werden zu »Mode« dann, wenn größere Gruppen von Menschen sie tragen und mit ihren ästhetischen Möglichkeiten spielen.

Hervorgebracht wird Mode von einer Modeindustrie, die einerseits auf Kreativität, andererseits auf ständigen Wechsel setzt und andauernd das Neue verspricht – aber neue Produkte bedeuten nicht zwangsläufig neue Linien, Schnitte, Stile. Mode bringt den Rhythmus und das Tempo der Moderne hervor. Und sie schafft soziale Unterschiede – nicht nur innerhalb der westlichen kapitalistischen Welt, wie Pierre Bourdieu in *Die feinen Unterschiede* analysiert. Sie schafft auch Unterschiede zwischen den postindustriellen Staaten einerseits, in denen vornehmlich konsumiert wird, und den vielfach asiatischen Niedriglohnländern andererseits, in denen die billigen und die teuren Produkte unter ausbeuterischen Bedingungen zum größten Teil produziert werden.[2] Und natürlich schafft sie Unterschiede zwischen den Geschlechtern – zwischen allen Geschlechtern. Im Folgenden steht jedoch der modisch dominante Unterschied zwischen, pauschal gesagt, Frauen und Männern im Zentrum.

Die Erfindung der weiblichen Modelust

Ein kurzer Blick ins Jahr 1697: König Ludwig XIV. wünscht, dass der Hof anlässlich der Hochzeit seines Enkels Louis mit der zwölfjährigen Marie-Adélaïde de Savoie »allen Glanz entfalte; und er selbst, der schon seit langem nur ganz schlichte Kleider zu tragen pflegte, wollte an diesem Tage die prächtigsten Gewänder anlegen«.[3]

Das ist nicht weiter erstaunlich, und auch nicht, dass der gesamte Hof in einen regelrechten Konsumtaumel verfällt: »Einer versuchte den anderen an Prunk und Geschmack zu übertreffen; die Menge an Gold und Silber reichte kaum aus, die Läden der Kaufleute waren binnen weniger Tage ausgeräumt; mit einem Wort, am Hof und in der Stadt herrschte der hemmungsloseste Luxus, denn eine Menge Zuschauer sollten dem Fest beiwohnen.« Schon bereut der König seine Anordnung: »Er könne nicht begreifen, meinte er, daß es Ehemänner gebe, die so wahnsinnig seien, sich für den Kleiderstaat ihrer Frauen – und für den ihrigen, hätte er hinzufügen können – ruinieren zu lassen.«

Verblüffend – offenbar auch für den Höfling Saint-Simon – ist die Auffassung des Königs, dass (nur) die Frauen mode- und prunkbesessen seien und auf diese Weise ihre Ehemänner finanziell ruinierten. Nicht nur ist das eine im Grunde zutiefst bürgerliche Einstellung, sie ist darüber hinaus schlicht absurd. Denn natürlich waren die Herren am Hofe im gleichen Ausmaß wie die Damen zu ungeheurem vestimentärem Luxus im Interesse der Repräsentation verpflichtet,[4] worauf

Saint-Simon mit seinem Einschub auch hinweist. Und im Übrigen ist es keineswegs so, dass auch nur eine der Damen arm in die Ehe gegangen wäre: In der Regel hatten alle eine ansehnliche Mitgift erhalten – die freilich sofort in den Besitz des Ehemanns überging.

Was mich an dieser Szene interessiert, ist der Automatismus der Zuschreibung schon im 17. Jahrhundert: Frauen werden als diejenigen markiert und letztlich auch diffamiert, die Mode konsumieren – im Übermaß konsumieren. Für Männer gilt das offensichtlich nicht, im Gegenteil: Sie erscheinen als die Opfer der weiblichen Mode- oder Prunksucht. Wie kann das sein in einer Zeit, in der Mode noch weitgehend Sache beider Geschlechter in der Aristokratie war?

Es fällt auf, dass es in der Geschichte immer wieder die Frauen sind, denen Modeschelte gilt. So wie Frauen an der Lektüre von Romanen gehindert werden sollten, weil diese angeblich ihre Moral negativ beeinflussten, so wurde auch ihr Vergnügen an schöner Kleidung – am Sich-Schmücken – als oberflächlich, verschwendungssüchtig, gefallsüchtig, geschmacklos gegeißelt. Im Laufe des 18. Jahrhunderts schließlich wurde – im Zusammenhang mit der Ausprägung der bürgerlichen Gesellschaft und ihrer Erfindung dichotomischer »Geschlechtscharaktere«[5] – Mode tatsächlich zunehmend zu einer Angelegenheit von Frauen. Diese Entwicklung vollendete sich im 19. Jahrhundert, als komplementär dazu die Männermode verschwand, um der dezenten Männerkleidung das Feld zu überlassen.

Zu den boshaftesten und zugleich amüsantesten Modepolemiken gehört die von Jean-Jacques Rousseau aus dem Jahr 1762: »Es ist eben nicht erbauend, eine Frau zu sehen, die wie eine Wespe in zwei Teile zerstückelt ist. Das beleidigt das Auge und verletzt die Phantasie. Die Hüftweite hat, wie alles andere, ihre Verhältnisse und ihr Maß. Wird sie unterschritten, so ist es eben ein Schönheitsfehler: dieser Fehler würde selbst am nackten Körper ins Auge fallen! Warum soll er dann unter der Kleidung schön sein?

Ich will nicht auf die Gründe eingehen, warum die Frauen darauf bestehen, sich zu panzern. Eine erschlaffte Brust, ein dicker Bauch usw.

mißfallen bei einer Person von zwanzig Jahren, ich gebe es zu; aber nicht mehr bei einer von dreißig. Alles, was die Natur hemmt und behindert, zeugt von schlechtem Geschmack.«[6]

Man sieht, für Frauen galten strenge Maßstäbe. Sie sollten nach Rousseaus neuer, bürgerlicher Geschlechterkonzeption unbedingt »natürlich« sein. Dem widersprach die herrschende Mode, die für Rousseau außerdem mit aristokratischen Lebensformen assoziiert war. Er fordert eine *natürliche* Mode, die seinem neuen Konzept eines *natürlichen* Lebens entsprechen sollte, und vergaß dabei, dass Mode niemals, auch nicht in ihren gemäßigten Ausprägungen, *natürlich* ist: Mode ist das andere der Natur, sie ist eine Praxis der bewussten Gestaltung der eigenen Person mithilfe von Artefakten – also eine durch und durch ästhetische Praxis. Und sie ist außerdem, wie Modetheoretiker˙innen seit dem 18. Jahrhundert nicht müde werden zu betonen, eine ganz wesentliche Praxis der sozialen Ein- und Ausgrenzung und damit immer auch eine Praxis der Geschlechterdifferenzierung. Das bedeutet wiederum: Mode bildet nicht einfach ein »natürliches« – biologisches – Geschlecht ab, sondern sie wirkt erheblich an der *Produktion* von Geschlecht im Sinne von Gender mit. Denn jede Darstellung von Geschlecht – Verhalten, (Körper-)Sprache, Kleidung, Sprechweise etc. – ist nicht *Abbild* einer vorgegebenen Identität, sondern bringt diese Identität ganz entscheidend überhaupt erst hervor: für die Darstellenden selbst, die sich auf diese Weise selbst gestalten und ihr Körpergefühl, ihr Selbstgefühl immer wieder neu bekräftigen und damit bis zu einem gewissen Grade auch erst immer wieder neu hervorbringen, aber auch für die anderen, die die Person wahrnehmen und sofort als Frau oder Mann klassifizieren.[7] Gesteuert wird das durch unser aller Verhalten regulierende, ungeschriebene Gender-Skripte, die Kinder früh zu verkörpern lernen: Wie benimmt sich ein Mädchen, wie benimmt sich ein Junge? Wie kleidet sich ein Mädchen, welche Farben soll sie lieben, wie spricht sie, wie bewegt sie sich, womit spielt sie?

Die gesamte westliche – postindustrielle, neoliberale – Welt ist, ungeachtet der Gleichberechtigung von Frauen und Männern (und endlich auch von queeren Menschen und Heterosexuellen) geschlechterse-gregierend strukturiert. Heteronormativität basiert auf Definitionen von zwei Polen: Was ist männlich, was ist weiblich? – und funktioniert über Ein- und Ausschließung: Was das eine ist, kann nicht das andere sein. Beide Pole verhalten sich komplementär: in ihrer Verschiedenheit erotisch und sozial aufeinander bezogen. So die Theorie – so auch die alltägliche Praxis. Deshalb konnte Monique Wittig[8] polemisieren: »Lesbians are not women.« Da »Frauen« sozial und erotisch grundsätzlich auf Männer bezogen seien, können Lesben, die sich auf das gleiche Geschlecht beziehen, nicht als Frauen definiert werden. Das lässt sich ausweiten, sodass Schwule, Transsexuelle, Transgender, kurz alle anders identifizierten, queeren Menschen, die weder als Frauen noch als Männer klassifiziert werden können, aus dem heteronormativen System herausfallen.

Was hat das alles mit der Mode zu tun? Sehr viel. Die Modehistorikerin Anne Hollander schreibt, Mode sei ein Duett, das Frauen und Männer miteinander singen; ändere sich der eine Part, ändere sich komplementär dazu auch der andere. So bleibt die Differenz stets gewahrt. Damit spricht sie vielen Modeforscher'innen, Modejournalist'innen und natürlich auch Konsument'innen aus der Seele, die implizit oder explizit davon ausgehen, dass Mode grundsätzlich der erotischen Verführung diene, genauer: der heterosexuellen Verführung. Queerness kommt in der modischen Wirklichkeit wenig und in der Modetheorie kaum vor.[9]

Genau darum – um Verführung – geht es auch Rousseau Ende des 18. Jahrhunderts, wenn er kleinen Mädchen eine *angeborene* Lust am Sich-Schmücken unterstellt, die die Jungen nicht besäßen. Sie putzten sich aber nur für die männliche Welt heraus, denn sie seien schließlich dazu geboren, den Männern zu gefallen (die wiederum die Geschmacksnormen festlegen). Die übermäßige Modelust der Mädchen müsse freilich gezügelt und in angemessenere Bahnen gelenkt werden, meint er (vielleicht spielt auch eine Rolle, dass der Aufputz dann etwas weniger kostet?). Gegenüber den »alten Frauen« lässt Rousseau Nachsicht walten, also bei denen, die die 30 überschritten haben. Warum? Weil sie für Männeraugen sexuell nicht mehr attraktiv sind. Nur darum geht es Rousseau: Mode ist in seinen Augen dann in Ordnung, wenn sie die Frauen verführerisch für Männer macht, seien Frauen doch dazu geschaffen, »dem Mann zu gefallen« und »sich zu unterwerfen. […] Ihre Macht liegt in ihren Reizen; mit ihnen muss sie ihn zwingen, seine Kraft zu entdecken und zu gebrauchen.«[10] Und was schön und nicht schön, was attraktiv und nicht attraktiv ist – das bestimmen die Männer, die, wie Rousseau unverblümt ausdrückt, immer und grundsätzlich über Macht verfügen (und denen sich die Frauen deshalb freiwillig unterwerfen). Rousseau hat also gar nichts gegen Mode, solange er bestimmt, was schön und angemessen sowohl an den Frauenkörpern als auch an ihrer Kleidung ist und was nicht.

Es ist offensichtlich, dass es hier nicht um die Kleidermode selbst, deren Materialität und Gestaltung geht. Es geht vielmehr um die *Definitionsmacht*. Sie ist der entscheidende Faktor. Kein Wunder also, dass Mode als Frauensache klassifiziert und abgeurteilt wurde, wenn es darum ging, die gesellschaftlichen Machtverhältnisse in der Kultur festzulegen. Die Definitionsmacht ist, mitnichten nur in Bezug auf Mode, von Männern jahrhundertelang als ihre Domäne aufgefasst worden – ein Anspruch, den Frauen lange Zeit fraglos akzeptiert haben. Nüchtern legt Georg Simmel Anfang des 20. Jahrhunderts nahe, »die Mode gleichsam als Ventil anzusehn, auf dem das Bedürfnis der Frauen nach irgendeinem Maß von Auszeichnung und individueller Hervorgehobenheit ausbricht, wenn ihnen dessen Befriedigung auf anderen Gebieten versagter ist«. Denn: »Im allgemeinen zeigt die Geschichte der Frauen in ihrem äußeren wie inneren Leben, in dem Individuum ebenso wie in ihrer Gesamtheit eine vergleichsweise so große Einheitlichkeit, Nivellement, Gleichmäßigkeit, daß sie wenigstens auf dem Gebiete der Moden, das das der Abwechslung schlechthin ist, einer lebhafteren Betätigung bedürfen, um sich und ihrem Leben – sowohl für das eigene Gefühl wie für andere – einen Reiz hinzuzufügen.« Simmel erläutert, dass Frauen »treuere«, wesensmäßig gleichmäßigere und einheitlichere

Geschöpfe seien; und er fährt fort, dass der Mann »im Grunde das vielfältigere Wesen ist und deshalb jeder äußeren Abwechslung leichter entraten mag.« Deshalb sei die Gleichgültigkeit gegen die Moden der äußeren Erscheinung spezifisch männlich.[11]

Die Kunst der Nachahmung

Wir mögen heute über die Bestimmtheit lächeln, mit der Simmel, seiner Zeit entsprechend, »das Wesen« der Geschlechter definiert. Er ist Rousseau darin nicht so fern. Als Gender-Forscher'innen sehen wir in den beschriebenen Geschlechterverhältnissen und -eigenschaften heute nicht eine Ursache, sondern eine Folge der historischen Entwicklung. Dennoch bin ich davon überzeugt, dass manches von dem, was Simmel wie so viele andere schreibt, noch immer – wenn auch modifiziert und neuen Verhältnissen angepasst – in den Köpfen herumgeistert und die Bilder von den Geschlechtern und ihren sozialen Rollen bestimmt. Ganz sicher wird man sagen können, dass solche Vorstellungen dazu beigetragen haben, die Idee der Affinität von Frauen und Mode zu perpetuieren.

Der Soziologe Thorstein Veblen findet 1899 eine weitere, ausnahmsweise nicht biologische, sondern durch und durch soziale Begründung für die enge Verbindung von Frauen und Mode, nämlich den »demonstrativen Konsum«. Bezogen auf die neue reiche Gesellschaft in den USA Ende des 19. Jahrhunderts analysiert er, genau und scharfsichtig, die Funktion der Frauen dieser neuen Oberschicht, durch möglichst modische, möglichst nicht funktionale Kleidung den Reichtum ihrer Männer vorzuführen, also Verschwendung zu demonstrieren. Das »Weibliche der Frauenkleider« bestehe darin, »jede nützliche Betätigung wirksam zu verhindern«, denn: »Arbeit gehört nicht zur ›Welt der Frau‹. Ihre Welt ist der Haushalt, den sie ›verschönern‹ und dessen ›schönster Schmuck‹ sie sein sollte. Vom männlichen Führer des Haushalts spricht man hingegen im allgemeinen nicht als von einem

Schmuck.« Er erklärt, dass die Frau »– überspitzt ausgedrückt – noch immer Hab und Gut des Mannes ist. Die einfache Ursache für all die Muße und all den Aufwand, den die Frauen betreiben, liegt in dem Umstand begründet, daß sie Dienerinnen sind, denen bei der Differenzierung der wirtschaftlichen Funktionen die Aufgabe zufällt, die Zahlungsfähigkeit ihres Herrn zur Schau zu stellen und zu bezeugen.«[12]

Veblen fällt damit aus dem zeitgenössischen Argumentationsrahmen, zumal er mit Sozialstrukturen und nicht der Biologie der Geschlechter argumentiert. Und wenn wir uns heute die Rolle ansehen, die zum Beispiel Melania Trump als stumme Begleiterin ihres Mannes in der Öffentlichkeit spielt und worüber die Medien berichten – ihre Kleidung, Figur, Frisur –, wird deutlich, dass demonstrativer Konsum (»conspicuous consumption«) noch immer eine wichtige Rolle spielt. Beobachtet man, wie oft und in welcher Weise heute noch über das Aussehen und die Kleidung von Politikerinnen gesprochen wird und wie wenig (und wie) über das ihrer Kollegen, wird deutlich, dass die Geschlechterstereotypisierungen immer noch funktionieren. Ich jedenfalls kann mich nicht erinnern, dass über Trumps Anzüge gesprochen worden wäre (wenn auch seine Frisur bissige Kommentare provoziert). Dass Gerhard Schröder in seiner Amtszeit als Bundeskanzler in Brioni-Anzügen auftrat, brachte ihm so viel Häme ein wie Frauen eine angeblich unvorteilhafte Figur, Frisur oder Kleidung. Noch immer gilt anscheinend das ungeschriebene Gesetz, dass Männer durch ihre *Fähigkeiten* überzeugen sollen und nicht durch ihr Äußeres. Anwandlungen in diese Richtung werden ihnen in aller Regel, von Künstlern vielleicht abgesehen, eher negativ angekreidet. Dafür dürfen sie allerdings die größten Autos und Motorräder vorzeigen, die als Objekte ihrer Begierde höher rangieren – vielleicht weil sie, anders als Kleidung, mit physischer Macht und Stärke assoziiert werden. Es ist verblüffend, wie die Stereotype sich perpetuieren. Jüngere Menschen favorisieren meist eindeutig binär gegenderte Kleidung und Verhaltensweisen, aber immerhin nutzen heute mehr junge Männer als noch vor wenigen Jahren – zumindest in Großstädten – die Möglichkeiten etwas kreativerer Selbstgestaltungen. Queere

Menschen sind sichtbarer geworden und entwickeln eigene Stile, die wiederum auf die Mainstream-Moden Einfluss nehmen können (wie zum Beispiel der Ohrstecker für Männer, der einmal ein schwules Merkmal war).

Seit dem 18. Jahrhundert charakterisieren alle Modetheorien Mode als Praxis gesellschaftlicher wie individueller Nachahmung, die paradoxerweise zugleich der Individualisierung dienen soll. Elena Esposito bringt das Paradox auf den Punkt: »Wenn wir einen Trend entdecken, fühlen wir uns originell und möchten gerne von anderen wahrgenommen und bewundert werden. Doch was sie wahrnehmen (wenn überhaupt etwas), ist nur eine Originalität, die in den (überhaupt nicht originellen) Formen der von allen geteilten Mode ausgedrückt wird.«[13]

Die »Begabung« zur Nachahmung gilt in der europäischen Kunst- und Kulturgeschichte als Los der Frauen. Nur Männern wurde wahre Originalität zugestanden, sie galten als produktiv, Frauen bestenfalls als reproduktiv. Bedenkt man, dass es erst wenige Jahrzehnte her ist, dass künstlerische oder wissenschaftliche Kreativität ganz selbstverständlich Männern zugeschrieben wurde und kreative Frauen als Ausnahme galten und viel härter zu kämpfen hatten, um überhaupt wahrgenommen zu werden, kann man sich leicht vorstellen, dass solche veralteten Vorstellungen noch immer nachwirken. Siri Hustvedt nimmt in ihrem Roman *The Blazing World/Die gleißende Welt* (2014) diese Thematik auf. Sie erzählt die Geschichte einer Ehefrau, die nach dem Tod ihres berühmten Künstler-Ehemannes eine eigene erfolgreiche Kunstkarriere beginnt – aber unter einem männlichen Pseudonym (wie viele ihrer Vorläuferinnen) und darüber hinaus mithilfe junger männlicher Künstler, die an ihrer Stelle öffentlich agieren. Ihr Ziel ist, sich schließlich als die eigentliche Schöpferin der Werke zu offenbaren, um die Geschlechtervorbehalte der Kunstszene öffentlich anzuprangern.

Es liegt auf der Hand, dass die negative Beurteilung einer »wesensmäßigen« Verbindung von Frauen und mangelnder Originalität, also intellektuelle, künstlerische und geschmackliche Unselbständigkeit und damit die Tendenz zur Nachahmung, auf Mode übertragen wird, die per definitionem Nachahmung impliziert und als vollkommen trivial gilt (obgleich sie ein bedeutender Wirtschaftsfaktor ist). Schon allein deshalb muss sie in der bürgerlichen Welt als Frauensache gelten. Nur auf diesem Gebiet dürfen Frauen ein bescheidenes Maß an Originalität entfalten: indem sie sich auf die Suche nach dem Neuen machen, es finden und es sich aneignen, um sich so als originell zu präsentieren. Die ihnen zugestandene Kreativität entfaltet sich also im Konsumieren, im Nachahmen oder Verwerfen. Da man Mode nicht ernst nimmt, kann sie nur Frauensache sein, umgekehrt können Frauen als das angeblich weniger kreative Geschlecht sich nur mit Mode befassen. Die Abwertung von Mode wirkt auf die Frauen zurück, und umgekehrt wirkt sich die Abwertung von Frauen auf die Mode aus. Damit ist der Zirkel geschlossen.

Diese traditionellen Dynamiken reichen ungeachtet aller kulturellen Veränderungen mehr oder weniger subtil bis in unsere Gegenwart hinein und prägen den Umgang von Frauen und Männern (und überhaupt allen Geschlechtern, die von der simplen Frau-Mann-Dichotomie unsichtbar gemacht werden) mit Modekleidung. Wenn Mode als Frauensache definiert wird, werden sich die meisten Männer hüten, sich allzu viel aus Mode zu machen, denn das würde sie »effeminieren«. Dass umgekehrt Frauen Elemente aus der Männermode übernehmen, wird in der heutigen Alltagsmode mit ihren Funktionsneutralisierungen gut sichtbar und hat, wie ich vor Jahren im Zusammenhang mit der Literaturgeschichte geschlechtsspezifischer »Verkleidung« gezeigt habe, nicht nur mit der Lust am Neuen, Ungewohnten, sondern immer auch mit der gesellschaftlichen Macht von Männern zu tun. Eine Frau in Männerkleidung maßt sich etwas an und versucht, sich aufzuwerten; ein Mann in Frauenkleidung macht sich lächerlich. Der Kampf um die Hose, der seit dem Mittelalter in Karikaturen persifliert wurde, ist deshalb immer ein Kampf um die Vorherrschaft in privaten wie sozialen Zusammenhängen, wie Gundula Wolter in ihrer Kulturgeschichte der Hose unter dem schönen Titel *Die Verpackung des männlichen Geschlechts* anschaulich darlegt. Noch heute stehen Rock und Hose in der westlichen Welt als Chiffren für die Geschlechter(rollen), so viel sich auch in den Geschlechterverhältnissen geändert hat. Während der Rock Mode ist, ist die Hose soziale Chiffre für Macht, denn ein wenig von dieser Bedeutung ist ihr noch immer zu eigen.

Männlicher »Verzicht« und weibliche Vielfalt

Mode ist kein überhistorisches oder überkulturelles Phänomen. Sie ist vielmehr eine Begleiterscheinung der europäischen Moderne. Im 18. Jahrhundert begann das Modesystem sich langsam zu ändern: weg von einer stratifikatorischen hin zur modernen funktionalen Gesellschaft. Diese grundlegende Änderung steht im Bund mit einer Verschiebung der Geschlechterverhältnisse, die zunehmend das bürgerliche Gepräge annehmen, und mit einer Verschiebung der Mode von einer repräsentativen Praxis *beider* Geschlechter hin zu einer (scheinbar) individualisierten, durch Geschlecht bestimmten Praxis: Mode wird ganz offiziell zur Frauensache, und das wird theoretisch begründet. Die bürgerlichen Männer hingegen leisten seit Ende des 18. Jahrhunderts den »großen männlichen Verzicht«, wie es bedauernd, aber historisch äußerst einseitig und in heutigen Augen durchaus auch amüsant, der britische Psychologe John Carl Flugel in seiner *Psychology of Clothes* von 1930 nennt. Es sei eines der »bemerkenswertesten Ereignisse in der ganzen Geschichte der Kleidung«, das »viel weniger Aufmerksamkeit erregt hat, als es verdient: Die Männer gaben ihren Anspruch auf alle heiteren, farbenfrohen, aufwändigen und variantenreichen Formen des Schmückens auf, überließen diese zur Gänze den Frauen, und machten ihre eigene Garderobe zur nüchternsten und asketischsten der Künste. […] Der Mann gab seinen Anspruch auf, als schön betrachtet zu werden.«[14]

Die Ursachen dafür entdeckt er, nicht ganz originell, in den Folgen der Französischen Revolution, also der Verbürgerlichung und Demokratisierung. Kühn folgert er, dass »der moderne Mann in Kleidungsfragen ein viel strengeres und rigideres Gewissen hat als die moderne Frau, und dass die Moralität des Mannes in seiner Kleidung in stärkerem Maße zum Ausdruck kommt, als dies bei der Frau der Fall ist«[15] – sie zeige nämlich (neben der Sexualität) vor allem Pflichtbewusstsein, Verzicht und Selbstbeherrschung an. Gut ist hier zu erkennen, wie Zuschreibungen automatisch mit Wertungen verbunden werden: Der »große Verzicht« wird moralisch motiviert, und die Aufwertung der bürgerlichen Männer bringt – konsequent komplementär gedacht – eine Abwertung der Frauen mit sich.

Da die neuen Bürger Macht nicht mehr durch den Prunk der Kleidung manifestieren konnten wie die alte Aristokratie (die man im Nachhinein denn auch zuweilen als »weibisch« diffamierte), mussten sie es durch ihre Tätigkeit tun – und mithilfe ihrer strengen dunklen Kleidung, die einen markanten visuellen Akzent setzt, zumal vor dem Hintergrund reich geschmückter, farbenfroh gekleideter Damen. Insofern sind der Verzicht auf das Sich-Schmücken und der daraus sich ergebende Zugewinn an sichtbarer Macht nur scheinbar paradox. Die bürgerlichen Frauen behielten das aristokratische Vorrecht der Prachtentfaltung nicht nur, sondern bekamen es als Pflicht auferlegt: Die männliche Ordnungsstruktur konnte sich vom farbenfrohen und formenreichen Chaos, das Frauen veranstalteten, umso sichtbarer abheben. Fortan tragen die Damen Mode, während die Herren sich kleiden – wobei die Männerkleidung im Verlauf des 19. Jahrhunderts ein durchaus beeindruckendes Spektrum an Erscheinungsformen und Wechsel aufwies und deshalb durchaus als Mode bezeichnet werden kann, wie auch Anne Hollander in ihrem Buch *Anzug und Eros* hervorhebt. Aber der Herrenanzug wirke trotz seiner Wandlungen gegenüber dem ständigen Wechsel der Frauenmode klassisch-zeitlos und übersetze als »eindrucksvolle Errungenschaft modernen visuellen Designs«[16] den antiken männlichen Akt in Schneiderkunst.[17]

Das antike Männlichkeitsideal in eine moderne Form für alle Männer gegossen, die sich im Anzug allesamt wie Adonis fühlen dürfen – demgegenüber kann eine Frauenmode, die vom dauernden Wechsel lebt, keine eindeutige Linie verfolgt und Frauen ständig verändert, nur abfallen – sofern man die Auffassung teilt, dass der antike Männerakt das allerschönste, allerbegehrenswerteste Menschliche, ein zeitloses Ideal des Menschen schlechthin verkörpert. Damit schließt sich der Kreis der Zuschreibungen. Das Männliche wird sogar in seiner modernen vestimentären Gestalt als das Ideal schlechthin – als *der* Mensch schlechthin gesetzt.

Anmerkungen

1 Im Jahr 2017 betrug der Umsatz im *Herrenbekleidungssegment* in Europa ca. 85 606 Millionen Euro (das bedeutet einen Zuwachs von ca. 8,71 Millionen seit 2010 mit 76 892 Millionen), der Pro-Kopf-Umsatz betrug 163,92 Euro. In Deutschland betrug der Gesamtumsatz 15 414 Euro, der Pro-Kopf-Umsatz 189,69 Euro. Bei *Damenbekleidung* betrug der Gesamtumsatz in Europa 2017 ca. 129 262 Millionen Euro und der Pro-Kopf-Umsatz 247,52 Euro. In Deutschland lag er bei ca. 26 006 Millionen Euro insgesamt und pro Kopf bei 320,03 Euro.
Quelle: statista – Das Statistik-Portal https://de.statista.com/outlook/90020000/102/herren bekleidung/europa#market-revenue (geladen am 27.09.2017).

2 Nach dem Einsturz des Rana Plaza in Bangladesch im April 2013 schlossen sich große Firmen aus Europa und den USA zu einem Textilbündnis für bessere Arbeitsbedingungen zusammen, nach kurzer Zeit jedoch waren viele davon nicht mehr bereit, Verbesserungen der Löhne und Arbeitsbedingungen wirklich umzusetzen; vgl. zum Beispiel Henrike Rossbach: »Des Arbeitsministers neue Kleider«, in: *FAZ online* vom 16.10.2014: http://www.faz.net/aktuell/ wirtschaft/wirtschaftspolitik/entwicklungsministers-gerd-mueller-textilbuendnis-gegen-hunger loehne-in-bangladesch-13212683.html (geladen am 08.10.2017). Vgl. allgemein zu den Abläufen von Planung, Produktion und Vermarktung: Carolin Neugebauer, Gerhard Schewe: »Wirtschaftsmacht Modeindustrie – Alles bleibt anders«, in: *Aus Politik und Zeitgeschichte* 1–3/2015: *Mode*.

3 *Die Memoiren des Herzogs von Saint-Simon, Band I: 1691–1704*. Übersetzt und herausgegeben von Sigrid von Massenbach. Frankfurt am Main, Berlin 1991 (1977), S. 165 – wie auch die beiden folgenden Zitate.

4 Vgl. Norbert Elias: *Die höfische Gesellschaft. Untersuchungen zur Soziologie des Königtums und der höfischen Aristokratie.* Frankfurt am Main 1983 (1969), S. 98 ff.

5 Karin Hausen: »Die Polarisierung der ›Geschlechtscharaktere‹ – Eine Spiegelung der Dissoziation von Erwerbs- und Familienleben«, in: Werner Conze (Hrsg.): *Sozialgeschichte der Familie in der Neuzeit Europas.* Stuttgart 1976, S. 363–393.

6 Jean-Jacques Rousseau: *Emil oder Über die Erziehung.* Übersetzt von Ludwig Schmidts, Paderborn u. a. 1993, S. 396 f.

7 Vgl. zum Beispiel Stefan Hirschauer: *Die soziale Konstruktion der Transsexualität. Über die Medizin und den Geschlechtswechsel.* Frankfurt am Main 1993; oder Teresa de Lauretis: »The Technology of Gender«, in: dies.: *Technologies of Gender. Essays on Theory, Film, and Fiction.* Bloomington, Indianapolis 1987, S. 1–30.

8 Monique Wittig: »The Straight Mind«, in: dies.: *The Straight Mind and Other Essays.* Boston 1980, S. 21–32.

9 Im deutschen Sprachraum gibt es das von mir und Maria Weilandt herausgegebene Buch *Ist Mode queer? Neue Perspektiven der Modeforschung.* Bielefeld 2016.

10 Rousseau 1993, S. 386.

11 In: Getrud Lehnert, Alicia Kühl, Katja Weise (Hrsg.): *Modetheorie. Klassische Texte aus vier Jahrhunderten.* Bielefeld 2014, S. 110.

12 Thorstein Veblen: »Theorie der feinen Leute«, in: Lehnert, Kühl, Weise 2014, S. 97 und 98.

13 Elena Esposito: »Originalität durch Nachahmung«, in: Lehnert, Kühl, Weise 2014, S. 208.

14 In: Lehnert, Kühl, Weise 2014, S. 119.

15 Ebd., S. 120.

16 Hollander in: Lehnert, Kühl, Weise 2014, S. 149.

17 Ebd., S. 139.

Shila Meyer-Behjat

Eine Qual hinter dem Vorhang

Das starke Leben der persischen Feministin Tahiri

Wie oft ist sie noch zu hören, die Geschichte vom Mädchen, das als Sohn erzogen wurde? Die Eltern hätten sich eher diesen als eine Tochter gewünscht, und so trug sie »Latzhosen und Kurzhaarschnitt bis in die Pubertät«, erzählt sie dann. Da liegt keine Bitterkeit in der Stimme. Dass es sich bei der so Behandelten um eine der aktuellen Generation handelt, also von der Sorte, der wir bewundernd zusehen, wie sie mit dem Smartphone auf Instagram und Co. virtuos herumfuchtelt – das ist nur ein Sinnbild des Fortschrittsungleichgewichts, in dem wir uns heute weltweit befinden, jetzt, bereits im ersten Viertel des 21. Jahrhunderts.

Zehn Jahre ist das iPhone alt. Und doch schon verdammte 70 Jahre ist es her, seit Simone de Beauvoir die »zweite Welle« losgetreten, das »andere Geschlecht« definiert hat. Es sind doch über 40 Jahre seit »dem kleinen Unterschied« – und noch immer geht es um Latzhosen. Klar, ich spreche vom Feminismus. Aber auch vom Zustand der Welt. Die damalige First Lady Michelle Obama formulierte 2016 in der Wahlkampfrede für Hillary Clinton in New Hampshire jenen verheißungsvollen Satz: »The measure of any society is how it treats women and girls.« – Jede Gesellschaft wird daran gemessen, wie sie Frauen und Mädchen behandelt. Welch wohltuende Selbstdistanz! Obama zeigte dabei nicht mit dem Finger auf die anderen, sondern sie sprach davon, in welchem Klima der Einschüchterung und Degradierung Mädchen heute in den USA aufwachsen, umso mehr jetzt, da Donald Trump gegen Obamas Anstrengungen Präsident geworden ist.

Nein, nicht einmal in Amerika, der Wiege moderner Zivilisation und Heimat der heutigen Bürgerrechte, steht es gut für die Frauen – das 170 Jahre nach der Seneca Falls Convention, der Geburtsstunde des amerikanischen Feminismus. Und wie viel mehr zeigen sich doch die Parallelen des gemein-globalen Rück- und Fortschritts, wenn zur selben Zeit im vorvergangenen Jahrhundert, beinahe auf den Monat genau, am anderen Ende der Welt ebenfalls eine feministische Welle hochschwappte, angeführt von einer Einzelkämpferin, die bis heute ihresgleichen sucht. In keinem geringeren Land als Persien spielte sich ab, was sich bis heute tief in das Verständnis iranischer Frauen eingegraben hat, auch wenn das Menschenmögliche getan worden ist, um die Protagonistin dieses Kapitels der Vergangenheit vergessen zu machen.

Das größte Ideal an Weiblichkeit

Die Festlegung auf ein Kleidungsstück zum Symbol der Geschlechter, die Reduktion auf die Länge der Haare ist vermutlich ebenso alt wie die Erfindung des Geschlechts selbst. Jede Frau kennt das: Zu spät fängt es an, zu früh hört es auf, das Kleidungsstück. Wie viel mehr erregen sich die Gemüter, wenn es um die Kopfbedeckung einer Frau geht. Doch im Jahr 1848 ereignete sich im Kontext des aufgeladenen Textils Bemerkenswertes: Eine 30-jährige Poetin und Wissenschaftlerin ergriff während einer Versammlung von Gelehrten öffentlich das Wort und verkündete damit nicht nur das Ende der Unterdrückung der Frauen, sondern auch den Beginn einer neuen gesellschaftlichen Ordnung. Um ihre Forderung zu unterstreichen, zog Tahiri ihre Kopfbedeckung ab. Dabei ging es ihr nicht nur um eine neue soziale Ordnung und um die Gleichstellung der Geschlechter. Im selben Atemzug verlangte sie die Erneuerung des Glaubens, eine Modernisierung von Gesellschaft und Religion. So sprach sie mit jenem entblößten Gesicht und offenem Kopfhaar zu den Anwesenden. Diese reagierten prompt. Schreck, Verachtung, Zorn schlugen ihr entgegen. An Ort und Stelle setzte einer der Anwesenden sich das Messer an den Hals, schnitt sich die Kehle durch, so entsetzt war er von diesem Auftritt. Doch unbeirrt dichtete Tahiri:

»Legt die Bekleidung mit alten Gesetzen ab
Die abgetragenen Traditionen
Taucht ein in das Meer
Der Fülle.«[1]

Bis nach Europa reichten damals die Berichte der Chronisten dieser Ereignisse, die sich in der iranischen Stadt Badascht abspielten. Hier war man(n) noch weit entfernt von der Formulierung von Bürgerrechten für Frauen, ganz zu schweigen von einer Gleichstellung. Seit Olympe de Gouges den 17 Artikeln der Erklärung der Bürger- und Menschenrechte in der Französischen Revolution, die sich allerdings nur auf Männer bezogen, die Rechte der Frauen entgegengestellt hatte und dann, nach einem Streit mit Robespierre, hingerichtet worden war, hatte sich auf dem »alten Kontinent« eine erst gemächliche feministische Bewegung in Gang gesetzt. Also blickte man gen Osten, auf die »iranische Jeanne d'Arc«, wie der französische Publizist Jules Bois sie nannte, der den Auftrag bekommen hatte, ein Theaterstück über sie zu verfassen. So sehr rüttelte sie auch aus dem entfernten Persien heraus an den Grundfesten der Traditionen (und an der Deutungshoheit über Frauen – die bei Männern lag).

»Die Erscheinung einer solchen Frau wäre in jedem Land der Welt ein seltenes Phänomen«, schrieb der Orientalist Edward Granville Browne von der Cambridge University. »Aber in Persien ist es einfach ein Wunder.«[2] Tatsächlich befand sich das Persien der Dynastie der Kadscharen in einem für die Mächtigen wohltuenden Schlummer, fest im Griff der schiitischen Traditionen, verwickelt in sich selbst erhaltenen Verstrickungen zwischen dem Hof des Schahs und der Geistlichkeit. Die Muster dieses engmaschigen Teppichs, der das Land im zivilisatorischen Stillstand zementierte, sind bis heute nicht vollkommen ergründet.

Die Österreicherin Marianne Hainisch, eine der Gründermütter der Frauenbewegung des Landes (und übrigens auch die Mutter des späteren Bundespräsidenten Österreichs Michael Hainisch), notierte: »Sie war das größte Ideal an Weiblichkeit, das ich kenne. Ich war zwar erst 17 Jahre alt, als ich von ihrem Leben und ihrem Martyrium erfuhr, aber ich versprach mir damals selbst: Ich werde das für die Frauen von Österreich tun, was Tahiri, die dafür ihr Leben gab, für die Frauen Persiens getan hat.«[3] Tatsächlich wurde Tahiri nur wenige Jahre nach der Konferenz von Badascht exekutiert, erdrosselt in einem Garten.

Hainisch sollte ihr selbst gegebenes Versprechen später einlösen, wenn auch nicht mit ihrem Leben bezahlen. In ihrer Heimat trat sie für gleiche Bildungs- und Berufschancen von Frauen ein und gründete 1929 die Österreichische Frauenpartei. Sie hatte erkannt, dass es für die bürgerliche Familie als Ganzes von Vorteil war, wenn auch die Frau imstande ist, zum Familieneinkommen beizutragen, und ihre Ausbildung sie nicht nur als Hausfrau, Mutter und Gefährtin des Ehemannes formen sollte. Die amerikanische Baumwollkrise hatte im Freundeskreis der Wienerin auch für eine Krise innerhalb der städtischen Ehen geführt – für Hainisch ein Zeichen, dass es Zeit war, auch die Frauen für den Arbeitsmarkt vorzubereiten.

Es ist anzunehmen, dass Tahiri bei der Konferenz von Badascht die einzige Frau war, obwohl sich in ihrer Gefolgschaft auch viele Frauen befunden haben. Zu diesem Zeitpunkt hatte sie sich bereits einen großen Ruf als Gelehrte gemacht. Sie schrieb, veröffentlichte und lehrte den Koran und seine Auslegungen. Eine Tätigkeit, die ihr eigentlich verwehrt gewesen wäre. Doch ihr Vater – zerrissen zwischen Begeisterung für die offenbaren Fähigkeiten seiner Tochter und dem Zwang gesellschaftlicher Riten – hatte ihr nach langem Drängen erlaubt, an seinen Vorlesungen teilzunehmen, wenn auch versteckt hinter einem Vorhang, und er erteilte ihr Privatstunden. Mulla Muhammad Salih Baraghani stammte aus einer Familie von Islamgelehrten und war über seine Heimatstadt Qazvin hinaus bekannt für seine Vorlesungen und Abhandlungen.

Seine Tochter hatte er bei ihrer Geburt Fatima genannt, nach der Tochter des Propheten Mohammed. Sie entpuppte sich alsbald nicht nur als neugierig und wissbegierig, sondern war mehr als ihre Brüder in der Lage, Gelerntes zu reproduzieren und darauf aufzubauen. Für seine Stellung und Generation fortschrittlich, erlaubte er im Verlauf von Tahiris Entwicklung auch deren Mutter und Schwester, Lesen und Schreiben zu lernen. Mit zwölf Jahren soll Tahiri die erste öffentliche Rede gehalten haben. Was ihren Vater zu eben jener Aussage hinreißen ließ: »Wäre sie ein Junge gewesen, sie hätte mein Haus erleuchtet und wäre mein sicherer Nachfolger gewesen.« Doch später, als es zwischen Vater und Tochter zum Bruch kam, äußerte er weit verhängnisvollere Worte. Doch dazu später mehr.

Ihren Geburtsnamen hatte Tahiri früh abgelegt. Man nannte sie Zarrin Táj, Schmuck für das Haupt. Ihr Lehrer, ein progressiver Geistlicher aus Kerbela, mit dem sie heimlich in Briefkontakt stand, verlieh ihr den Namen Qurrat al-'Ayn, Trost meiner Augen. Und manche bezeichneten sie als, Nuqtih, den Punkt.

Zum Namen Tahiri kam sie erst später, sie wurde darunter jedoch berühmt: Nach der Konferenz von Badascht wurde er ihr verliehen.

Mit 14 Jahren heiratete Tahiri ihren Cousin. Sie verbrachte weiterhin Zeit in ihrem Elternhaus, eng war die Beziehung zu ihrer Mutter, die sie bis zuletzt unterstützte, die jedoch nicht die Stimme fand, um sich gegen die Männer der Familie zu erheben. Tahiri richtete ihre Aufmerksamkeit und ihre Energie immer mehr auf die Vision der Endzeit im islamischen Verständnis, der Abschaffung der Scharia und eines Lebens in vollkommener Freiheit unter Gott. Der Ehemann, ebenfalls ein Islamgelehrter, doch weit konservativer als Tahiris Vater, vertrat strikt die institutionellen Strukturen des schiitischen Islam, die Autorität der Geistlichkeit. Kein Wunder also, dass ihm seine fortschrittliche Frau alsbald zu schaffen machte und er versuchte, sie mit den ihm geläufigen Mitteln gefügig zu machen. Doch diese Versuche blieben wirkungslos. Selbst eine Pilgerreise nach Kerbela, Irak, von der Vater und Ehemann sich versprachen, dass sie die Unwillige zur Räson – und zurück an ihren Platz –

bringen würde, entpuppte sich als Wallfahrt zu dem ihr verbotenen Lehrer und seinen Aussagen über das Ende der schiitischen Tradition. Sie traf ihren Lehrer zwar nicht mehr an – er war kurz zuvor verstorben –, doch sie blieb dort mehrere Jahre, zum Teil in seinem Haus. Die Ehe mit ihrem Cousin wurde daraufhin schließlich geschieden.

Ein Wort sei gesagt zu den Kindern Tahiris. In vielen Erzählungen über das Leben dieser großen Frauenrechtlerin des Iran werden sie mit »Kollateralschäden« des Fortschritts gleichgesetzt: Die Mutter habe sie zurückgelassen, um die Emanzipation der Frau herbeizuführen. Das private Opfer für den größeren gesellschaftlichen Nutzen. Jedoch: Bis heute werden im Iran Kinder nach der Scheidung dem Vater zugeschrieben. Es ist also anzunehmen, dass ihr schlicht der Kontakt untersagt worden war.

Untrennbar verknüpft war das Schicksal dieser ersten Feministin des Iran schließlich mit dem der Babis, jener Renaissance des schiitischen Islam, aus der schließlich die heute als Weltreligion anerkannte Bahai-Religion entspringen konnte. Tahiri war unter den ersten 19 Personen, die sich der Bewegung anschlossen, den Aposteln oder »Buchstaben des Lebendigen«, wie sie genannt wurden. Sayyid Ali Muhammad, ein junger Mann aus Schiras, der von Kindheit an für seinen Intellekt bewundert worden war, erklärte, er sei derjenige, der die Menschheit, insbesondere aber die Anhänger des Islam auf das Kommen des erwarteten al-Qa'im, des Messias vorbereiten sollte. Er nannte sich Bab, das Tor, und in seinen Schriftstücken, Abhandlungen und Lehren erkannte Tahiri alle Verheißungen ihres Lehrers aus Kerbela. Bald schon, hinter einem Vorhang verborgen, unterrichtete sie an öffentlichen Plätzen von seiner Sendung. Niemand sollte ihr Gesicht sehen, nicht einmal ihre Gestalt erkennen. Und während ihre Zuhörer versuchten, einen Blick auf sie zu erhaschen, war sie in der stillen Hoffnung, den Bab selbst einmal zu treffen.

So groß war dabei ihre Bewunderung für ihn, so sehr fand sie sich darin wieder – es klingt wie eine unerfüllte Liebe, wenn sie über ihn schreibt:

»Wie lange müssen deine Liebenden ertragen
Diese Qual hinter dem Vorhang?
Erweise ihnen wenigstens
Einen flüchtigen Blick
Deiner unverhüllten Schönheit.«[4]

Es lohnt sich, für einen Moment genauer diese Beziehung dieser beiden
so unterschiedlichen Menschen zu betrachten und festzustellen, dass
es diese Form der platonischen Begeisterung wohl tatsächlich gegeben
hat, diese absolute geistige Verbundenheit, die die beiden auf mystische
Weise einte. Denn: Bis zum Tod des Bab blieb Tahiri der Wunsch verwehrt, ihn zu Gesicht zu bekommen. Der Bab, von Kindheit an von he-
rausragendem Charakter und ebenso wie Tahiri bewundert für seinen
scharfen Verstand, wuchs anders als sie in einer Familie von Kaufleuten
auf. Er erklärte im Mai 1844 gegenüber einem Besucher, der zu sein, auf
den hingewiesen wurde und auf den einige fortschrittliche Geistliche,
Tahiris Lehrer aus Kerbela inbegriffen, hingewiesen hatten.

Von Beginn an wurde ihm dafür die Feindseligkeit derer entgegenge-
bracht, die in seinem Anspruch den eines Gotteslästerers sahen – und
sich natürlich in ihrer eigenen Macht bedroht fühlten. Nichtsdestotrotz
wuchs seine Anhängerschaft. Von Stadt zu Stadt wurden seine Schriften getragen und öffentlich vorgetragen. Tahiri träumte eines Nachts von
einer Reihe von Versen, in wunderschöner Kalligrafie niedergeschrieben.
Sie erkannte den Anspruch des Bab an, als ihr wenig später eben jene
Worte aus ihrem Traum vorgelegt wurden, geschrieben von ihm selbst.
Und nur sechs Jahre später kam es zur Zusammenkunft in Badascht, zu
der sich die führenden Mitglieder der Babi-Bewegung einfanden, um
über die Zukunft der Gemeinschaft zu beraten.

»Tahir« ist das arabische Wort für rein oder keusch. Indem er ihr diesen Namen unmittelbar nach ihrer entscheidenden Handlung gab, zeigte
der Bab, 1848 bereits in Gefangenschaft und nicht anwesend in Badascht,
nicht nur seine Unterstützung. Er schaffte das Konzept der Unreinheit
von Frauen ab, die sie stets daran gehindert hatte, am Gesellschafts- und

Glaubensleben teilzuhaben und eine Rolle darin einzunehmen. Ihr Körper und ihre Weiblichkeit waren damit zur Projektionsfläche geworden, die Tahiri mit dem neuen Namen annahm. Denn das Momentum ihrer einfachen Handlung ermöglichte, die junge Bewegung zu festigen und dem Gedanken einer neuen Ordnung und dem Ende der alten nach schiitischem Islam ein Symbolbild zu geben. In ihrer Handlung selbst hatte Tahiri das bewirkt, was ihr zusammengenommenes Bestreben als Geistliche, Gelehrte und – in der heutigen Sprache – als Aktivistin gewesen ist. Viel mehr noch: Nicht nur schlug sie die Tür zur alten Epoche zu, sie stieß die zur neuen auch weit auf, setzte dafür das erste leuchtende Beispiel.

Dennoch gelang es kontemporären Beobachtern nicht, die Tragweite dieses Bildes vollumfänglich zu erkennen. Sie verhaspelten sich in Beschreibungen über die Schönheit der persischen Dichterin, deren Verstand diese jedoch noch übertraf. So etwa der Orientalist Friedrich Carl Andreas. Dieser sprach Tahiri jedoch auch zu, sie sei »eine der bemerkenswertesten Figuren in der Babi-Bewegung« gewesen, »der weibliche Apostel«. Tahiri selbst erlebte in der Folge ihrer Selbstbefreiung einen regelrechten Kreativschub. Sie schrieb und veröffentlichte mehr denn je – und mehr und mehr auch völlig unverhüllt und öffentlich. Da sie sich frei bewegte und dies auch unter Männern, wurde Tahiri darüber hinaus immer wieder »unmoralisches Verhalten« vorgeworfen, mit etlichen der Babi-Schlüsselfiguren soll sie dieses gelebt haben. Eine Beschreibung der Zeit lautete: »Sie hat den Körper eines Pfaus aus dem Paradiese«, habe neun Ehemänner. Später stieg diese Anzahl auf 90. Berichte, die nicht nur die Babis verschmähen sollten, sondern auch dem guten Ruf der angesehenen Baraghani-Familie schadeten. Vor allem die Männer – Hüter der Familienehre – fühlten sich bloßgestellt. Hinzu kam: Der Onkel und ehemalige Schwiegervater wurde Opfer eines Anschlages und starb. Sofort beschuldigte der Sohn seine ehemalige Ehefrau, hinter der Ermordung zu stecken.

Bis zuletzt verteidigte Mulla Salih seine Tochter gegen diese Vorwürfe, ließ sie dann dennoch unter Hausarrest im Elternhaus stellen. Ob als

Bestrafung oder zu ihrem Schutz, ist bis heute ungeklärt. Letzteres bestätigten viele Jahre später die Nichten und Neffen Tahiris, die die amerikanische Journalistin Martha Root in den 1930er-Jahren besuchte. Root, selbst eine der frühen Bahai und bekennende Feministin, hatte sich auf eine Reise quer durch den Iran auf den Spuren Tahiris gemacht. Sie beschrieb später, mit wie viel Stolz und Bewunderung die Nachfahren über ihre herausragende Tante sprachen und ihr Gedenken doch in Ehren hielten.

Nachdem der Bab auf Drängen der Ulama, der Geistlichen, festgenommen wurde, versammelten sich seine Anhänger 1848 zu jener folgenschweren Konferenz in Badascht. Zu diesem Zeitpunkt hatte sich um Tahiri bereits eine Gefolgschaft organisiert, die sie als eine der Führungspersönlichkeiten der Gruppierung verstanden. Sie lehrte öffentlich, brachte Frauen das Lesen und Schreiben bei.

1850 wurde der Bab öffentlich hingerichtet, zwei Jahre nach seiner Exekution verübten zwei seiner Anhänger ein Attentat auf Naser ad-Din Schah. Dieses überlebte der Monarch zwar, doch was folgte, war eine der größten Hetzjagden des 19. Jahrhunderts, der mehr als 20 000 Babis zum Opfer fielen. Auch Tahiri, die große Dichterin, die zunächst das Wohlwollen des Schahs gewonnen hatte, wurde schließlich hingerichtet. Als die Verfolgungen gegen die Babis zunahmen, konnten die Gläubigen nicht umhin, seine Schriften zu verstecken. Viele wuschen die Tinte von den Blättern, verschluckten oder verbrannten seine Schriften. Doch Tahiri, selbst Schriftstellerin und auffallend unerschrocken, soll alle Schriften des Bab bis zum Schluss erhalten haben.

Die letzten Wochen ihres Lebens verbrachte Tahiri unter Arrest im Haus des Kalantar, des Bürgermeisters von Teheran. Dessen Ehefrau war schnell tief beeindruckt von ihrem ungewöhnlichen Gast. Drei Tage vor ihrer Ermordung übergab Tahiri ihr ein in Tücher gewickeltes Paket an Briefen und Büchern und kündigte an, es würde nach ihrem Tod eine weibliche Person kommen, um dieses abzuholen. Und genauso kam es auch.»Ich habe diese Person nie zuvor und habe sie danach auch nie wieder gesehen«, so die Frau des Stadtvorstehers später. Ihre letzten Minuten dokumentierte Jakob Eduard Polak, Arzt am Hof des Schahs, der der Erdrosselung beiwohnte. Erschüttert berichtete er, wie sie bis zuletzt Kraft und Stärke ausstrahlte. Unmittelbar mit ihren letzten Atemzügen soll sie dann gesagt haben:»Ihr könnt mich töten, doch den Fortschritt der Frauen könnt ihr nicht aufhalten.«

Bis heute gibt es keine universell gültige Deutung über das Leben dieser Vorkämpferin. Für die einen ist sie Häretikerin, für die Nächsten Feministin, wieder andere feiern sie als prophetische Gestalt. Und dennoch ist sie zur Person der Weltgeschichte geworden. Vor ihrem Tod hatte ihre Zuwendung für den Bab sie mehr denn je mit dem Vater entzweit. Doch bei einer ihrer letzten Begegnungen räumte der Gelehrte schließlich ein: Hätte sie erklärt, selbst jene verheißene Person zu sein, auf die der Islam hindeutete, und selbst jenen neuen Glauben zu bringen, er wäre ihr gefolgt. Obwohl sie eine Frau war.

»Tahiri kann nicht in einer einzigen Geschichte beschrieben werden. Jedes Mal, wenn jemand über sie schreibt, ruft er damit eine neue hervor«, beschließt die Autorin Bahiyyih Nakhjavani im Epilog ihres Romans *The Woman Who Read Too Much*. »Denn am Ende halten ihre vielen Paradoxe uns alle einen Spiegel vor, mit dem gegensätzliche Aspekte unseres Selbst zum Vorschein kommen.«[5]

Auszug aus *Gürret-ül-Eyn* von Marie von Najmájer:[6]

»So werf' ich denn im Namen des Propheten
Auf sein Gebot, im Namen echter Sitte,
Die selbst sich schützt – vom Angesicht den Schleier,
Bekennend mich als seine Jüngerin!«
Der Schleier fiel; wie aus der weißen Wolke
Ein Götterbild hervortaucht, mild und hehr,
Erschien ihr Angesicht, zu himmlisch schön
Im Strahle innigster Begeisterung,
Um einen Wunsch der Erde wachzurufen;
Und wie auf eine neue Offenbarung,
So starrte die Versammlung auf sie hin,
Die scheuen Rufe der Bewunderung
Mit jäh erwachter Ehrfurcht unterdrückend.
Nur einen Augenblick erbebte sie,
Gleichsam erschreckt durch ihren eig'nen Muth;
Dann leuchtete ihr Auge siegreich auf,
Sie hatte sich und Alles rings vergessen,
Und auf den Lippen schwebte ihr die Seele,
Als mit der Überzeugung Macht sie sprach:
»O hört! Ein Tag ist wieder uns erschienen …«

Anmerkungen

1 »Cast off the garments of old laws / Of outworn traditions / Immerse yourself / Of bounteousness«. Veröffentlicht in: Christopher de Belange: *The Islamic Enlightment: the Struggle Between Faith and Reason, 1798 to Modern Times*. New York 2017, S. 148 (eigene Übersetzung).

2 Edward Granville Browne: *A Traveller's Narrative*. Cambridge 1975 (1891), S. 309.

3 Marianne Hainisch zitiert in: Martha Root: *Tahirih, the Pure, Iran's Greatest Woman*. 1938, S. 18 (eigene Übersetzung).

4 »How long must your lovers endure / This anguish from behind the curtain? / At least bestow upon them / A glimpse of your unveiled beauty«, Veröffentlicht in: *de Belange* 2017, S. 148 (eigene Übersetzung).

5 Bahiyyih Nakhjavani: *The Woman Who Read Too Much*. Stanford 2015, S. 320 (eigene Übersetzung).

6 Marie von Najmájer: *Gürret-ül-Eyn. Ein Bild aus Persiens Neuzeit in 6 Gesängen*. Wien 1874, S. 88.

Karin Reschke
Power Frauen!
Zum Wiederabdruck meines Essays aus dem *Kursbuch 47.*
Frauen, 1977

> *avenidas*
> *avenidas y flores*
> *flores*
> *flores y mujeres*
> *avenidas y flores y mujeres y*
> *un admirador*

Der Vers von Eugen Gomringer prangt seit 2011 an der Südfassade der privaten Alice-Salomon-Hochschule in Berlin. In diesem Sommer empörten die sechs Zeilen in spanischer Sprache die Studentinnen der Hochschule. Sie entdeckten in den wenigen Worten die Frauenfeindlichkeit des kurzen Textes. Mit dem AStA protestierten sie öffentlich gegen das Gedicht. Ihrer Ansicht nach vertrete der Vers »nicht nur eine klassische patriarchalische Kunsttradition, in der Frauen ausschließlich die schönen Musen sind, die männliche Künstler zu kreativen Taten inspirieren«. Der Vers erinnere »zudem unangenehm an sexuelle Belästigung, der Frauen alltäglich ausgesetzt sind«. Das Gedicht wirke »wie eine Erinnerung daran, dass objektiv und potenziell übergriffige und sexualisierende Blicke überall sein können. Eine Degradierung zu bewundernswürdigen Objekten im öffentlichen Raum, der uns Angst macht«.

Was erzählt der Vers Frauenfeindliches? Er deklamiert: Alleen / Alleen und Blumen / Blumen / Blumen und Frauen / Alleen und Blumen und Frauen und ein Bewunderer.

Spanisch gelesen, auch wenn frau kein Spanisch spricht, rhythmisiert der Autor Alleen und Blumen zu einer einfachen Melodie. Frauen und Blumen sind für ihn Bilder, die zusammengehören, also schön sind, bewundernswürdig, wie ein Bild. Von Sexualität keine Spur, von einer Degradierung bewundernswürdiger Objekte keine Rede. Die Muse in diesem Vers ist die Allegorie, eine Denkfigur, und nicht die Frau, zum Objekt herabgewürdigt.

Gomringers Vers soll nach dem Wunsch des AStA von der Fassade verschwinden.

Fantasieren die Studentinnen ihre Angst herbei, weil sie sich täglich im öffentlichen Raum sexualisierten Blicken ausgesetzt fühlen, muss ein harmloser, poetischer Text herhalten, ihr Unwohlsein vor männlicher Bewunderung zu artikulieren? Laufen sie nicht in kurzen Höschen, bauchfreien Hemden durch die Straßen, um ihrer Freizügigkeit willen? Oder haben sie sich schon unsichtbar gemacht unter Tschador und Burka, wie unsere Neubürgerinnen aus den Flüchtlingsunterkünften?

Ihre Einschätzungen des Textes und ihre Forderung, den Vers zu übertünchen, erinnern an Feminismusdebatten aus den 70er-Jahren des vorigen Jahrhunderts, als frau den Versuch wagte, die männlich geprägte Sprache ins Weibliche zu verwandeln, ein Unterfangen, das scheitern musste, weil Gesellschaft weibliches und männliches Denken, Sprechen, Schreiben nicht voneinander trennen kann. Die männliche Dominanz in Politik, Wirtschaft und Kultur erlaubt seit Langem weibliche Intervention, fordert sie entschieden. Machtaneignung, bis ins höchste Staatsamt.

Frauen spielen inzwischen auf der Klaviatur männlicher Dominanz – sie haben es schon immer getan in den verschiedensten Rollen. Heute sind sie allgemein souveräner als vor 100 Jahren, als das Wahlrecht für Frauen in Deutschland, nach dem Ersten Weltkrieg eingeführt, Triebfeder der ersten Frauenbewegung um gleiche Rechte in Familie und Gesellschaft wurde. Der Prozess Emanzipation dauert an in unseren Breiten, er wird niemals ganz abgeschlossen sein – es sei denn, frau kämpft um Separierung auf breitester Front. Die kleinen Kriegsschauplätze hat sie schon erfolgreich befriedet: »Sehr geehrte Bürger'innen«, heißt es in offiziellen Anschreiben aus unseren Amtsstuben. Frau und Amtsbürger holen die Sternchen aus dem Rechner und beweisen der Mehrheit im Lande, welch guter Geist sie gemeinsam vorantreibt.

Oktober 2017

Power Frauen! Eine Ansprache

Frauenbücher, wohin das Auge schaut, als würde sich die Welt plötzlich nach einer anderen Sonne drehen. Frauenbuchläden fein säuberlich sortiert, mit Titeln, die uns heiß machen sollen, auch mit neuen Frauenzeitschriften. Nicht mehr gefragt ist, das Beste aus seinem Typ zu machen, sondern, wie werd ich Feministin? Gesellschaft umkrempeln, aber nicht die ganze, sondern nur die andere Hälfte, das schwache Geschlecht. Sie sollen stark werden und an sich selbst wachsen, die Frauen. Je mehr sie sich erkennen, umso mehr ist die Männerseite in Gefahr. Dreht euch nicht um, die Feministinnen geh'n um!

Und dabei seid ihr trocken, Frauen, wie Strohfutter. Kaum ein Text, der euch so an die Nieren geht, dass ihr schreit. Ihr setzt euch ordentlich zusammen in Arbeitsgruppen und geht die Texte durch wie Briefmarken. Dabei könnte es euch doch alle fuchsen, wenn Alice Schwarzer mit dem Sex aufräumt wie die Hausfrau ihre drei Zimmer, Küche und Bad. Auf, auf, Frauen, seid gegen das Bumsen, dann werdet ihr frei sein, Vögelchen mit neuen, frischen Flügeln und einer Liebe, die durch die feineren Körpergefilde der Frauen geht, die wächst und gedeiht, wie früher die Frucht im Leib! Alice schafft nicht nur einen Unterschied und große Folgen, sie schafft mit einem Schlag Tausende. Plötzlich sind Frauen neue Wesen. Aber ihre alten Verhältnisse bleiben bestehen, obwohl sie im Kopfe bereits abgeschafft sind. 13 Protokolle und eine Schwarzer, die das alles deichselt. Auf Sex geht's los.

Von Frau A., 33 Jahre, Hausfrau und Putzfrau, fünf Kinder, Ehemann Hilfsarbeiter, hatte die Psychologin der Familienberatungsstelle völlig falsche Vorstellungen. Frau A. lebte nach ihrer Meinung in einem sexuellen Abhängigkeitsverhältnis zu ihrem Mann. Alice hingegen findet eine »total frigide« Frau vor, bei der sich nichts mehr tut, und die dann sagt: »Im Grunde kann ich mich nicht über ihn beschweren. Er hilft mit im Haushalt und alles. Aber wenn ich noch mal zu entscheiden hätte, würde ich mir Kinder anschaffen, ohne zu heiraten.« Sie schließt es nicht aus, in so einem Fall mit einem Mann zusammenzuleben, aber heiraten, nie mehr.«Dann hat der Partner einen nämlich nicht so in der Tasche, kann einen nicht so verletzen.« Verletzt ist sie worden, schon in zarter Kindheit, von ihrem Vater, der sie vergewaltigte, eine grausige Tatsache, aber trotz aller Traumata glaubt Frau A. an die große Liebe. Mit dem Widerspruch leben, das ist es, was stimmt bei Frau A. Liebe haben, Kinder dazu, aber die Ehe nicht unbedingt. Und was tut Alice? Sie kitzelt ihr das beschissene Leben, sprich den Antisex von den Lippen, Bekenntnisse, die die Leserin hellhörig machen sollen, mich aufrütteln sollen, den Mann, die Männer unter die Lupe zu nehmen. Alle wollen nur das eine; hat meine Mutter schon gesagt und mir Freunde verboten, aber was half's, irgendwann packt's jede; Frau A. mit ihren fünf Kindern, mich mit meinen zwei. Neben dem Sex steht auch gleich das Elend der Arbeiterin oder, wie im Falle von Frau A., das Elend der Putzfrau, die sich eigentlich hocharbeiten möchte. Es will mir nicht in den Kopf, dass der sexuelle Status die Ausgangsposition für das proletarische Elend der Frau an sich ist. Wenn es doch so einfach wäre, mit diesem Interview bei den Frauen, die es angeht, eine Art Klassensexbewusstsein zu wecken. Alice hat einen Zwang, heterosexuelle Beziehungen anzuprangern, und lässt es die armen betroffenen Frauen dann auch tun. Die Wahrheiten, die in den Protokollen stecken, nämlich die ökonomische Abhängigkeit der Frauen, ihre Ängste vor Veränderungen, werden irgendwie von Alices Thesen überrollt. Frauen, wenn ihr in Zukunft auf die Penetration verzichtet, oder sie verbietet, geht's euch nicht mehr ans Eingemachte. Dann könnt ihr ruhig schlafen, euch mit anderen Frauen zusammentun, eure vorhandenen Kinder großziehen und glücklich werden. Ich glaube einfach nicht, dass der Sex alle Frauen so klapprig gemacht hat. Der Beziehungsterror wird in allen 13 Protokollen durchgehalten, egal woher die Frauen kommen, wohin sie gehen, das hat mich stutzig gemacht. Und dann bei sehr vielen Begegnungen zwischen Alice und ihren Frauen die leicht konspirative Interviewsituation. Frauen treffen sich heimlich in anderen Wohnungen mit Alice und fangen zögernd an zu sprechen, bei laufendem Tonband. Ich will mich nicht daran hochziehen, aber die Aussagen bekommen von daher zum

Teil ihren besonderen Akzent gegen Sex. Ich stell mir halt vor, wie das bei mir gelaufen wäre. Sicher hätte ich in Gegenwart von Alice über kurz oder lang auch von meinen Männerbeziehungen geredet, vielleicht sogar geleugnet, dass mir die Liebe Spaß macht, dass ich mich bei aller Unterdrückung der Frauen durch Ehe, Haushalt, Kinder aber immer wieder nach dem Mann umdrehe, mit ihm zu tun haben will, mich mit ihm reiben, verändern, meinetwegen auch kämpfen will. Aber verzichten? Wäre mir das über die Lippen gekommen? Bei Frau A. bleibt die Frage offen, sie ist nach dem Gespräch mit Alice zusammengeklappt, wie schon so oft in den letzten Jahren, durch Überbelastung; doch sie rappelt sich dann wieder auf mithilfe von Medikamenten.

Dafür macht uns Alice dann klipp und klar, wie das mit Frau A. im Grunde gelaufen ist, der typische Lebensweg der Frau aus dem Proletariat, nur dass Unterdrückung und Ausbeutung viel offener sind und krasser als bei der gutbürgerlichen Frau. Klischee Nummer eins. Dann der Vater, der das kleine Mädchen nicht nur für sich arbeiten lässt, sondern sie zum Sex zwingt, worauf es Schuldgefühle bekommt, weil die Umwelt sie ihm eintrichtert, und am Ende noch besorgt ist, dass sein Vater ins Kittchen wandert dafür. Die Geschichte klingt mir zu einfach aufgeschlüsselt. Mir sind Verhältnisse zwischen Eltern und Kindern nicht damit geklärt, dass man den einen den Schwarzen Peter zuspielt, dem bösen Vater, und den anderen ihre Sklavenabhängigkeit. Zwischen Vater und Tochter ist noch mehr gelaufen als der schreckliche Inzest. Ich könnte mir auch vorstellen, dass beide eine Wahnsinnsangst voreinander hatten; Frau A. sagt: »Er hat sich auf mich geschmissen wie ein Tier.« Natürlich werden alle Instinkte gegen den Vergewaltiger mobilisiert, ich drehe durch, aber ich schau nicht mehr durch. Dazwischen hockt nämlich die Angst, die es unmöglich macht, einen allgemeinen Strick der Verachtung zu knüpfen für diesen Mann. Das ahnt auch Frau A. trotz der katastrophalen Folgen, Diskriminierung, zur Nutte stempeln, Schuldgefühle, aber Hoffnungen. Alices Schwarz-Weiß-Schema lässt Hoffnungen jedoch nicht mehr zu. Ich kriege so ein Gefühl, als würde sie die Männer am liebsten alle einbuchten und die Frauen für immer vom Sex fernhalten. Mir schwankt der Boden unter den Füßen, wenn ich daran denke, dass Liebe eine der Gewalten ist, die Menschen zerstört, und die anderen Gewalten, nämlich abhängige Arbeit, Ehe, Kinder, Familie, nur mehr Folgen dieser verhängnisvollen Liebe sind. Dabei glaube ich, dass es umgekehrt ist, dass Arbeit, herrschende Familienideologie und die daraus entstandene Doppelmoral auf Beziehungen einwirken.

Power Frauen, die Firestone gibt uns Saures. Macht doch mal die Augen auf, wenn ihr sie gerade verschlingt, oder fällt euch das Verschlingen schwer? Wir sind die Sklaven der Gesellschaft, die Neger, die unterste Klasse Menschen, die es seit Jahrtausenden gibt. Wir sind die Verfolgten des Faschismus, Rassismus und Sexismus, wir kriegen keine Luft mehr, eine Kralle hackt der anderen Kralle die Kraft ab, aber wie die Töchter des Lichts greifen wir abgeschwächt mit rot lackierten Nägeln durch die vermännlichte Erdkruste in den Schoß der Planerin, denn die sexuelle Revolution ist angebrochen. Woman's Liberation Movement ist eine ehrenwerte Frauenbefreiungskompanie in den USA, in der Shulamith Firestone erfolgreich um die Sache der Frau gekämpft hat.

Der neue Feminismus in den Staaten kriegt heiße Füße, die Fesseln der Sklaverei sind gelöst, Frauen bestimmen, wie Gesellschaft sich weiterhin entwickelt. Nach Shulamith wird der neue Feminismus »als bedeutendste Revolution der Geschichte« in die Geschichte eingehen. »Sein Ziel ist der Umsturz der ältesten und rigidesten Klassen-/Kastengesellschaft, die es gibt, einer geschlechtsspezifischen Klassengesellschaft, die sich in Jahrtausenden konsolidiert hat und den archetypischen Männer- und Frauenrollen eine ungerechtfertigte Legitimität, einen scheinbaren Ewigkeitsanspruch verliehen hat.« So nachzulesen in ihrem Buch *Frauenbefreiung und sexuelle Revolution*. Der neue Mensch entspricht nicht mehr dem Urbild, der Urform des Menschen (archetypisch), der neue Mensch wird frei sein vom Rollenzwang, Arbeitszwang, Gebärzwang. Wird, wird, wird! Er ist es nicht. Frauen leben nach wie vor archetypisch, sind Hausfrauen, Mütter, Ehefrauen, mit emanzipatorischen Ansätzen. Männer gehen zur Arbeit, kriegen Lohn, machen ihren Frauen Kinder und haben Angst vor Rationalisierung im Betrieb, Arbeitslosigkeit, Fortschritt der menschenlosen Technokratien. Frauen schmieden derzeit keine Waffen für eine feministische Revolution. Shulamith aber ist auf dem Marsch durch alle Klassen. Im Kopf. Das klingt nicht schlecht, aber mein Bauch redet mir was anderes ein. Feministische Revolution als Ersatz für Klassenkämpfe. Was mit den Arbeitern bisher nicht geklappt hat, müssen die Frauen allein übernehmen. Ein Mordsanspruch. Rührt euch doch! Und die Frauen hier? Die Frauen hocken zusammen in ihren Frauengruppen und proben die Leseerfahrung mit diesem Buch. Ihre Thesen sind interessant, sagen die einen, und die anderen sagen gar nichts. Die Feministinnen wollen Shulamiths Thesen politisch verstanden wissen, und diskutieren den Kampf gegen die Männer. Ich sitze dazwischen und bin fasziniert von der Regungslosigkeit. Die eigenen Probleme mit Männern, Frauen, Kindern und Selbstgefühlen kommen nie auf den Tisch. Die Teilnahmslosigkeit der Frauen macht dieses Utopia erst recht unwirklich. Wie gehen Frauen damit um, laut Shulamith, ganz neue Menschen zu sein? Gar nicht. Will es ihnen nicht in den Kopf? Da steht's doch schwarz auf weiß, dass wir Frauen es in der Hand haben, an den Fundamenten des männerbeherrschten Systems zu rütteln. Wir werden die geschlechtsspezifischen Klassenmerkmale beseitigen, Kinder in der Retorte austragen, nur noch unseren eigenen Bedürfnissen entsprechend leben und arbeiten, Sex wird zu einer veralteten Gewalt zwischen den Geschlechtern herabstilisiert und abgeschafft sein. Die Welt von 1977? Der Sozialismus als Übergangsphase zu einem neuen Stil? Oder wie es bei Shulamith heißt, zu einem neuen »kybernetischen Kommunismus«? Was ist das? Kybernetik, ein technischer Begriff, der Steuerungs- und Regelvorgänge im Computerleben verklausuliert. Werden wir kybernetische Kinder haben, beziehungslos und schwerelos im Raum schweben, die Produktionsmittel in der Tasche, wie ein Butterbrot? Fragen, Fragen an alle Frauen! In ihrem Kapitel »Nieder mit der Kindheit« wird schon im Titel unsere Gegenwart abgetrieben. Wohin mit der perversen Situation der Kinder im 20. Jahrhundert? Dominiert von Industrie und Kapital sind wir die kleine krepelnde Masse großer und kleiner Kinder, die nie etwas anderes gesehen haben als dieses Zeitalter. »Der Kern der Unterdrückung der Frau ist ihre Rolle als Gebärerin und Erzieherin der Kinder.« Genau das wissen wir, und dagegen versuchen wir uns bereits zu wehren. Kinderkriegen ist kein Kinderspiel mehr, seit wir wissen, was zwischen Mutter und Kind psychodynamisch abläuft, dass die Nabelschnur nach der Entbindung mit Liebe wieder zusammengeklebt wird, auf immer sozusagen. Shulamith schreibt auf, wie es zum Begriff Kindheit historisch kommen konnte, dass es im Mittelalter Kinder nicht gegeben hat, nur kleine Erwachsene, die sich lediglich durch die Größe von ihren Eltern unterschieden, die voll integriert waren in Familie und Sippe. Menschen haben sich damals innerhalb ihrer Sippe bestimmt, sie haben in dem Sinne keine Schule gekannt, weil es keine Schule gab, sie konnten sich auch eine Kindheit gar nicht leisten, weil die Lebenserwartung der Menschen im Durchschnitt mit dem 30. Lebensjahr beendet war. Und heute? Heute sind Mutter und Kind die emotionale Einheit, die immer dann getrennt wird, wenn gesellschaftliche Interessen gewahrt werden müssen. Durch Schule, Arbeit, Erwachsenenleben. Shulamith verherrlicht die homogenen Familienzustände des Mittelalters, und verdammt das Mittelalter gleichzeitig, weil die politischen Rebellen dieser Zeit, die weiblichen, nämlich Hexen, aufs Schafott gehen mussten. Sollen wir uns angesichts der Firestone'schen These, Mutter und Kind hätten die gleichen Unterdrückungsmerkmale, unsere Kindheit abschminken? Wie wollt ihr es halten, Frauen, wenn ihr mit euren Kindern in einen Topf geworfen werdet? Wollt ihr den Topf umwerfen, eure Kinder packen und ins Utopia ziehen, oder könnt ihr mit den Widersprüchen, die alle angehen, Mutter, Vater, Kind, leben? Vielleicht Wohngemeinschaften gründen, und repressive Verhaltensweisen erkennen und gemeinsam verändern? Wenn Frauen sich alternativ dazu äußern könnten, wäre ich froh. Dieses Kapitel bringt mich in die beschissene Lage zu glauben, dass wir schon klein gemacht wurden, noch ehe wir uns geregt haben, Kindfrauen sind, und wir gleichzeitig erwachsen gezüchtet worden sind, bevor wir groß waren. Immer dazwischen, Söhne, Väter, Freunde eingeschlossen. Ich fühle mich in die Irre geführt, wenn man mir sagt, nur weil ich Mutter bin, gehöre ich einer anderen Klasse an als mein Sohn, Mann und Freund. Zwischen meinem Kopf und meinen Handlungen liegt immer der Teil der Welt, in dem ich lebe, mich bestimme und bestimmt werde, mich gegen Vorurteile, Unterdrückung und Ausbeutung wehre, dabei aber an einem Strick ziehe mit Mann, Kindern, Freunden und Freundinnen.

Eine Moritat

Wer hat den Seziertisch im Frauenbuchlabor aufgestellt?
Die Großen, die Überfraun.
Wer?
Na, Germaine, Shulamith, Alice, Betty, vielleicht auch Simone.
Was bedeutet das?
Es soll die Frau aus der Frau geschnitten werden, die Puppe aus der Puppe, das haarlose Idol, das kleine passive Mädchen, das schon weiß, dass das Frauenschicksal Selbstaufgabe, Selbstverstümmelung bedeutet, der weibliche Eunuch, kurz der Weiblichkeitswahn muss unters Messer!
Und die Frau?
Die Frau wird dann wieder zusammengenäht, wenn das alles raus ist, neu instruiert, perfektioniert, ausgestattet mit der Ästhetik unserer atemberaubenden Kultur. Die Feministin des zweiten Jahrtausends kann nur durch Operation, Kastration und Abnabelung von unseren überkommenen Machtverhältnissen und Traditionen ihre Mission erfüllen.
Nieder mit den Fraun!

Beim Thema Gewalt zwischen Mann und Frau kriegt ihr Muffensausen. Diese Problematik betrifft alle in irgendeiner Form. Ihr habt plötzlich Stimmen, erzählt von Frauen in eurem Haus, die geschlagen werden, die aber fast nie darüber reden, Schläge hinnehmen, als hätten sie sie verdient. Sich schuldig fühlen, glauben, sie würden ihre Männer mit ihrem Verhalten provozieren, zu schlagen, »aber sonst ist er ein lieber Kerl, und sexuell klappt es auch zwischen uns«.

Gewalt ist ein heißes Eisen in der Frauenbewegung. Nichts, was bislang mehr tabuisiert war als Zusammenschlagen, Misshandeln, bis hin zu Verstümmelung und Mord. Was wissen wir schon von Frauen, die geprügelt die Wohnungstür hinter sich zumachen, was von ihren Männern, die uns freundlich grüßen, wenn wir ihnen begegnen, und bei denen alles drunter und drüber geht, im Suff zum Beispiel, weil die Alte nicht spurt. Wir wissen nichts von ihnen. Wenn wir merken, dass die Frau in der Wohnung unter uns zusammengeschlagen wird, weil wir ihre Schreie hören, trauen wir uns nicht, etwas dagegen zu unternehmen. Die Polizei, die zu rufen wäre, fühlt sich nicht zuständig, einen »Ehestreit zu schlichten«. Wir reagieren wie taube Nüsse, wenn es um die angebliche Intimsphäre von Leuten geht. »Da misch ich mich nicht ein, das geht mich nichts an.« Hinter der Wohnungstür ist die Welt zu Ende, dass da die Hölle anfängt für unsagbar viele Frauen, nehmen wir als Nachricht hin, ohne uns groß zu rühren. Sarah Haffner hat gerade ein Buch über Gewalt in der Ehe herausgebracht, in dem geschlagene Frauen, Misshandelte zu Wort kommen. Eine Frau berichtet:

»Einmal bin ich zur Polizei gerannt, als er mich ganz furchtbar zugerichtet hatte. Die haben mich ins Krankenhaus gebracht, man musste mich sofort am Auge operieren. Dann hat er mir eine Schnapsflasche auf den Kopf gehauen, sodass ich ein Riesenloch im Kopf hatte, und einmal hat er mich auch auf der Straße geprügelt und auch getreten.«

Diese Frau ist immer wieder abgehauen, und immer wieder zurückgegangen, weil er »ganz klein mit Hut und Kreppsohle« angekommen ist und sie geholt hat mit dem Versprechen, es nie wieder zu tun. So geht es durch viele Interviews immer weiter in die Haue rein, in die Unter-

drückung durch physische Gewalt. Selbst wenn Frauen sich mal losge-
eist haben, irgendwo Arbeit gefunden haben, sich langsam von diesem
Horror erholen, taucht »er« wieder auf, um sie zurückzuholen, an den
heimischen Herd, wo sie hingehört. Und die Frauen fügen sich, glauben,
dass alles so sein muss, und geben sich oft noch die meiste Schuld an diesen Zuständen. Es ist kaum auszuhalten, was ich da lese, und ich spüre
erst ein wenig Erleichterung, als es um die Frauenhausinitiative geht.
Sarah Haffner schreibt in ihrem Vorwort, dass »Frauenmisshandlung gerade jetzt, zumindest von Teilen der Öffentlichkeit, als schwerwiegende
gesellschaftliche Erscheinung erkannt wird«. Aber das Schlimme ist, dass
sich die Öffentlichkeit für kaum zuständig hält, misshandelten Frauen
zu raten, zu helfen. Die Ämter schieben sich gegenseitig die Kompe-
tenzen zu, und bieten fast nie Alternativen an. Die Ärzte überweisen in
schweren Fällen ins Krankenhaus, die Pfarrer reden den Opfern gut zu,
die Staatsanwaltschaft schaltet sich kaum ein, wischt Klagen auf Scheidung wegen Misshandlung mit Vordrucken vom Tisch, und die Anwälte
verlangen von den Frauen erst mal einen Riesenvorschuss. Vereinzelte
Hilfsmaßnahmen sind selten. Frauenhäuser und damit Aufmerksamkeit der Öffentlichkeit auf dieses Problem sind der allererste Schritt. In
der BRD und West-Berlin gibt es seit kurzer Zeit zwei Frauenhäuser.
Wie wir aus der Zeitung erfahren können, sind sie bereits überfüllt. Was
können wir tun, um Frauen zu schützen, zu helfen? Es ist einleuch-
tend, dass Gewalt in der Ehe nicht von heute auf morgen abgeschafft
wird, indem wir in den Frauengruppen und Frauenhäusern immer
neue Möglichkeiten ersinnen, den geprügelten Frauen zu helfen. Gewalt wird so lange Gewalt bleiben, bis sich das Prinzip der Ehe, nämlich die Herrschaft über die Frau und die Kinder, verändert hat, und
verändern können wir, wenn wir gegen die veralteten patriarchalen
Strukturen kämpfen. Kämpfen heißt, das Problem der Gewalt mit aller
Gewalt in die Öffentlichkeit treiben, dem Gesetzgeber auf den Füßen
herumtrampeln, die Behörden zwingen einzugreifen. Nicht nur mit Geld
für Frauenhäuser, sondern mit Maßnahmen gegen Gewalttätigkeit. Im
Grundgesetz Artikel 2 ist das Recht auf körperliche Unversehrtheit je-

des Menschen verbrieft. Das kann doch nicht nur auf dem Papier stehen bleiben, wie ein Denkmal, das ein Gesetz selber schützt. Nur weil die Frau in der Regel vom Mann wirtschaftlich abhängt, ist sie doch in ihrem Begehren, vom Staat geschützt zu werden, gleichberechtigt. Oder hört die Gleichberechtigung der Frau an der Wohnungstür auf?

In den Frauengruppen wird immer wieder diskutiert, dieses Problem ohne Männer anzugehen, ohne Männer stark zu werden, gegen sie. Ich finde das widersinnig. Wie können wir Gewalt gegen Frauen diskutieren, wenn die »potenziellen Verursacher« dieser Gewalt draußen bleiben, wenn sie die Kraft der Frauen, dagegen zu kämpfen, nicht spüren und nicht erfahren, was in den Frauen schon zerbrochen ist durch sie. Und dann die Kinder, sollen sie auf ihre Väter oder männlichen Bezugspersonen im Positiven verzichten, weil Gewalt in der Ehe sich auch gegen sie richtet? Sarah Haffner:

»Ich bin entschieden dafür, dass nach einer Anlaufzeit auch männliche Erzieher an der Kinderbetreuung in Frauenhäusern beteiligt sind … Sie alle brauchen dringend männliche Zuwendung …«

Das autonome Gefühl, das Frauen innerhalb ihrer Gruppen entwickeln, endet doch auch meistens an der Wohnungstür, dann nämlich, wenn sie mit ihren Männern wieder zusammen sind und die Annäherung an sie immer schwerer wird, wenn nicht gar unmöglich.

Aber Frauen, wenn ihr euch eure Männer vom Leib halten müsst, schreit nicht mehr leise, brüllt, so laut ihr könnt, und lasst das Übel nicht an der Wurzel verkümmern, indem ihr euren Rücken krumm macht.

Ich frage euch Frauen, ob Arbeit auch eine Art von Gewalt ist, die aus Gewohnheit ertragen wird. Arbeit? Ihr lacht. Alle müssen arbeiten. Ja, natürlich müssen alle arbeiten, aber was sie arbeiten, ist doch wichtig. Worauf willst du denn damit hinaus? Alle sind durch Arbeit von sich entfremdet, wenn es anders wäre, hätten wir ja Shulamith' Utopia erreicht. Ich meine nicht die Kopfarbeit, die ihr macht, studieren oder im Büro arbeiten, ich meine die Handarbeit, raus aus dem Kopf und dem Gefühl in die Fabrik. Aha, die Kopfarbeiterin und die Alibisolidarität mit der Proletarierin. Ihr Frauen wehrt das ab, wendet euch eurer Gelassenheit zu, fangt an, mit Stricknadeln zu klappern, blendet euch aus. Arbeit in der Fabrik könnt ihr nicht einschätzen, wollt ihr nicht bereden, weil ihr keine Arbeiterinnen seid. Das ist einerseits verständlich, andererseits, wie wollen die Frauengruppen Frauen in der Fabrik erreichen, wenn sie sich nicht mit ihrer Arbeit und ihrem Leben auseinandersetzen? Wie sich Arbeit tagtäglich abspielt in den Gedanken und Gefühlen von Frauen, die sie machen müssen, das weiß ich nicht, da kenn ich mich nicht aus.

»Die Gedanken und die Ausdrucksfähigkeit der Arbeiterinnen werden verstümmelt bei dieser Akkordarbeit, bei Stückzahlen von 400 bis 5000 Stück täglich, und das jahrelang, jahrzehntelang.«

Das schreibt Marianne Herzog in ihrem Bericht *Von der Hand in den Mund. Frauen im Akkord.* Aber wieso ungelernt? Weil ungelernte Arbeiterinnen billige Arbeitskräfte sind. Sie haben keine Chance, sich weiterzubilden, voranzukommen. Das ist doch Quatsch, sagt eine andere Frau, jede hat in diesem Staat die Chance, sich weiterzubilden, wenn sie will. Marianne hat das aber anders erfahren, sage ich. Sie war gezwungen, schnell Geld zu verdienen, um überleben zu können. Sie weiß, dass Frauen auf Zeit auf bestimmte Arbeiten festgelegt werden, dass sie Akkord machen müssen, »5–12 Einzelteile in der Minute«, schweißen, falzen, nieten, für den Lebensunterhalt. Der Akkord, die Stückzahl bestimmen ihr Leben, und nicht die berufliche Weiterentwicklung, die persönliche Entfaltung. Marianne hat das so ausgedrückt:

»Ungelernt täglich im Akkord arbeiten. Das ist für mich so: einer Frau, die lesen und schreiben kann, nur 8 Buchstaben vom Alphabet zu geben: eine Arbeiterin, die Dreherin, Werkzeugmacherin, Tischlerin sein kann, zwingen, jede Minute 5 bis 20 Einzelteile zu montieren, zu stanzen, zu falzen, zu schweißen.«

Sie sagt auch, dass die Frauen in der BRD fachlich überhaupt nichts lernen können, und demzufolge auch keinen Arbeitserfolg haben. Und dann geht der Stopper durch die Hallen, um die Stückzahlen zu erhöhen, die jede Frau macht, schon in rasender Eile macht, und das heißt, noch mehr Einzelteile in der Minute montieren, damit das Geld stimmt. Frage: Wie halten die Frauen das überhaupt aus, und warum wehren sie sich nicht gegen diese Arbeit? Wehren können sie sich nicht, weil sie auf das Geld angewiesen sind und damit abhängig werden von der Fabrik. Jeder Pfennig ist eingeplant, jeder Handgriff das Salz in der Suppe. Das ist Schwarzmalerei, wirft eine Frau ein, die haben doch auch Köpfchen und können was gegen die Ausbeutung unternehmen. Natürlich haben sie Köpfchen, aber das wird zum Akkord benötigt, oder wie Marianne schreibt:

»Der Erfindungsreichtum der Arbeiterinnen, unsere Neugier und Kraft, Lernfähigkeit, Wut, Sehnsucht, Liebe und Mut. Das alles fließt mit in den Akkord.«

Ich finde, Mariannes Buch ist ein sehr wichtiges Frauenbuch, vielleicht das wichtigste im Moment überhaupt. Wir erfahren, was Frauen leisten können, angefangen vom morgendlichen Aufstehen um fünf Uhr, Kinder versorgen, in den Kindergarten bringen, zur Arbeit hetzen, die Augen auf die Hände gerichtet, nicht nach innen, da wo Herz und Gefühl schlagen, was sie in ihren Pausen tun, worüber sie reden, was sie sich wünschen, und wie kaputt sie sind, wenn so ein Arbeitstag vorbei ist, sie wieder nach Hause jagen, einkaufen gehen, wieder Kinder versorgen, den Mann und dann todmüde ins Bett sinken, um dann um fünf wieder von vorn anzufangen, jahraus, jahrein.

Marianne: »Arbeitsbedingungen, Lebensbedingungen … Als ungelernte Arbeiterin, als Hilfsarbeiterin arbeiten, das bedeutet eine lebenslange berufliche Diskriminierung, die sich auf alle Lebensbereiche ausbreitet.«

Mich hat der Bericht von Marianne sehr aufgeregt, weil ich spüre, dass die Kluft zwischen Knochenarbeit – von der Hand in den Mund, vom Kopf in den Bauch – und der Forderung der frauenbewegten Frauen nach Selbstbestimmung nicht mit guten Worten oder Parolen zu überbrücken ist. Was Frauen tun können, um über die schleichende Gewalt solcher Arbeit an die Frauen heranzukommen, die sie machen müssen, steht in den Sternen.

Der Text ist übernommen aus: *Kursbuch 47. Frauen.* Berlin 1977.

Jasmin Siri
Rechte Frauen
Ein Blick hinter unsichtbare Fassaden

Noch vor einigen Jahren schien das mit den »rechten Frauen« in der öffentlichen Bewertung eine recht einfache Sache: Frauen sind für dieses Spektrum irrelevant und aus ideologischen Gründen privat submissiv. Ergo: Als politisch Handelnde nicht ernst zu nehmen, Gebärmaschinen im Sinne der Volksideologie, maximal Mitläuferinnen der männlichen Kameraden.

Die Wirksamkeit der Unterstellung belegt sich bereits durch Verwunderung darüber, dass sich in der Alternative für Deutschland (AfD) Frauen engagieren, wiewohl die Partei hinsichtlich der Rolle von Frauen in der Gesellschaft nicht unbedingt das vertritt, was als emanzipatorische und liberale Frauen- und Geschlechterpolitik bezeichnet werden kann. Noch stärker trifft sie zu, sobald es um Frauen im rechtsextremen Spektrum geht. Auch wenn Frauen in rechtspopulistischen und rechtsextremen Bewegungen rein zahlenmäßig unterlegen sind: Es gibt sie, und ihr Einfluss ist nicht unbeträchtlich, wenngleich sie weniger wahr- und ernst genommen werden. Mit dieser Form der Nichtbeachtung rechter Frauen sowie mit der Frage nach ihren Gründen befasst sich dieser Text.

NS-Frauen: Ein notwendiger Rückblick

Auch wenn Stimmen aus der Frauen- und Geschlechterforschung spätestens seit dem wichtigen Buch über *Mothers in the Fatherland* von Claudia Koonz, erschienen 1987,[1] wiederholt darauf hingewiesen haben, dass

rechte Frauen für das Funktionieren des NS-Staates erstens Relevanz be-
saßen und zweitens keinesfalls willfährige Opfer einer die Weiblichkeit
in (Schutz-)Haft nehmenden Ideologie sind – es bestand seit den Ent-
nazifizierungsprozessen ein unausgesprochener Konsens, dass die rechte
Gefahr eine vor allem männliche Gefahr sei. Wenn wir uns mit rechten
Frauen beschäftigen wollen, ist es daher notwendig, zunächst danach
zu fragen, wieso so wenig über sie gesprochen, berichtet und geschrieben wird. Es gilt, diese Betrachtung Mitte des 20. Jahrhunderts beginnen
zu lassen.

Wenngleich in KZs und Foltereinrichtungen Tausende Frauen arbeiteten, wurden doch nur wenige von ihnen nach 1945 angeklagt. Wendy
Lower beschreibt, dass zwar Hunderte Frauen als Zeuginnen aufgeru-
fen waren, die aus ihrer Haltung und Beteiligung am NS-System auch
keinen Hehl machten. Das Interesse der Ankläger fokussierte in den Be-
fragungen aber zumeist auf Verbrechen von männlichen Kollegen und
Ehemännern.[2] Überliefert sind auch Aussagen von alliierten Anklägern,
die sich die Beteiligung von Frauen an Verbrechen mit Verliebtheit oder
mangelndem Verständnis der Tragweite der Taten erklärten – und sie damit entschuldigten. Überlebende der Schoah identifizierten zwar zahlreiche Frauen als Täterinnen, als Folternde, als Mordende: »But by and
large, these women could not be named.«[3] Die Täterfrauen blieben –
anders als viele männliche Counterparts – für die Anklage unsichtbar
oder unidentifizierbar. Eine der wenigen Frauen, die für ihre Taten Verantwortung übernehmen mussten, war Ilse Koch, die einzige weibliche
Angeklagte im Buchenwald-Prozess.

Koch wurde zu einer lebenslangen Freiheitsstrafe verurteilt. Die To-
desstrafe, welche die meisten der männlichen Mitangeklagten erhielten,
blieb ihr aufgrund einer Schwangerschaft erspart. Koch hatte jedes Wissen um die Verbrechen wie auch jede Beteiligung daran bestritten. Sie sei
nur eine liebende Ehefrau gewesen, deren Mann zufällig eine wichtige
Stellung bei der SS innegehabt habe. Aufgrund von Opferaussagen, die
ihre explizite Grausamkeit belegten, blieb diese Verteidigungsstrategie
in ihrem Falle ohne Erfolg. Und doch wurde auch Koch auf ihre Weise

aus dem Kontext »normaler« Weiblichkeit ausgeschlossen, indem ihre Psychopathologie und Perversion herausgearbeitet wurde. Die »Hexe von Buchenwald« wurde als sexuell perverses Monster entworfen und damit von anderen Frauen mit Aufgaben im NS-Staat deutlich unterschieden.

Wenn wir uns mit rechten Frauen beschäftigen, ist dieser historische Hinweis auf die Unsichtbarkeit der Verantwortung von Frauen im NS wichtig, da er eine Haltung markiert, die bis heute die Auseinandersetzung mit rechten Frauen auszeichnet: ein tendenzielles Nichtsehen und Nicht-ernst-(genug)-Nehmen. In der historischen Forschung zum NS sowie in der deutschen Frauenbewegung war das Interesse an weiblichen Täterinnen in der deutschen Debatte bis in die 1980er-Jahre hinein erstaunlich gering. Anhand des Buches von Claudia Koonz entstand ein heftiger Disput darüber, ob weibliche Täterschaft im Nationalsozialismus angesichts der patriarchalen Ideologie überhaupt eine Sache des Möglichen sei.

Für einen Teil der Forschung war es plausibel, alle deutschen Frauen – unabhängig von ihren Aufgaben im NS-Staat und ihrer politischen Haltung – als Teil eines Opferkollektivs zu deuten. Frauen wurden zum Beispiel mit Fokus auf die Körperpolitiken der Nationalsozialisten als kollektives Opfer der NS-Ideologie beschrieben. Sie hätten unter den Körper- und Rassepolitiken des Nationalsozialismus weit mehr zu leiden gehabt als Männer.[4] Diese kollektive Exkulpation eines Geschlechts wurde von Forscherinnen wie Claudia Koonz oder Christina Thürmer-Rohr herausgefordert. Koonz' Studie *Mothers in the Fatherland* zeigt zum einen, dass wenngleich Frauen ideologisch auf die Sphäre des Privaten und die Rolle der Mutterschaft begrenzt wurden, die soziale und politische Praxis durchaus politische Betätigung von Frauen erlaubte. Sie zeigt, dass und wie sich für Frauen in der nationalsozialistischen Kultur Möglichkeiten der Teilhabe, der Kollaboration und Karriere auftaten. Und auch die ideologisch überhöhte Fixierung des weiblichen Geschlechts auf Reproduktionsarbeit beschreibt Koonz zum anderen als höchst relevant für die Stabilisierung des NS:

»The chain of command from chancellery to crematorium remained entirely within men's domain; women took no part in planning the ›final solution‹; and, except for a few thousand prison matrons and camp guards, women did not participate in murder. But, to a degree unprecedented in any other Western society, the Nazi state institutionalized a rigid social system based on polarized conceptions of ›man‹ and ›woman‹, ›Aryan‹ and ›Jew‹. The effects of this system transcended the activities of particular individuals in the final act of the Third Reich.«[5]

Auch Frauen, die nicht direkt an Gräueltaten beteiligt waren, so Koonz, erfüllten für die Stabilität des NS-Regimes also eine relevante Funktion. Der NS-Staat war – auch wenn er männerbündische und soldatische Strukturen beinhaltete – kein »Männerstaat«, sondern stabilisierte sich über die Polarisierung von binären Konzepten, zu denen das Geschlechterverhältnis gehörte. Ganz ähnlich argumentierte Christina Thürmer-Rohr, die die Mittäterinnenschaft von Frauen als notwendige Bedingung für die institutionalisierte Herrschaft des Patriarchats definierte und damit deutlich machte, dass die ideologische Zurechnung einer passiven Rolle nicht bedeutet, dass Frauen keine Täterinnen sein können.[6]

Wie auch immer man diese Debatte der 1980er-Jahre heute beurteilen mag, sie macht zweierlei deutlich. Erstens: Ein Blick auf Gender ist unerlässlich, um die bis heute andauernde Irritation über »rechte Frauen« zu verstehen. Erst durch die Beachtung der Geschlechterkategorie werden Exkulpations- und Unsichtbarkeitsnarrative verständlich und erklärbar. Zweitens: Die zugeschriebene Rolle der idealen NS-Frau ist eine wirksame ideologische Folie und mag Exkulpationsstrategien anreizen, sie beschreibt aber bei Weitem nicht die gesamte soziale Praxis von Männern und Frauen, weder im Nationalsozialismus noch in heutigen rechten Szenen.

Die Debatte, auf die ich mich beziehe, ist nun knapp 30 Jahre alt. Handelt es sich bei der Nichtbeachtung rechter Weiblichkeit also um ein inzwischen ausgeräumtes Missverständnis? Ein Blick auf den Rechtsterrorismus der letzten zwei Dekaden macht deutlich, dass rechte Frauen noch immer weit weniger ernst genommen werden als männliche Aktivisten.

Bis heute sind rechte Frauen vor allem in Spezialdiskursen von Wissenschaft und sozialer Arbeit Thema. Die eine oder andere gelehrte Dokumentation in den Medien widmet sich ihnen ebenso wie die politische Bildung, und sicher, es hat sich zumindest hinsichtlich der öffentlichen Sichtbarkeit von weiblichem Rechtsextremismus etwas geändert. Es ist ja auch schwierig, die Geschichte der passiven rechten Weiblichkeit weiterzuschreiben, während die Hauptangeklagte des NSU-Prozesses neben anderem eben auch dies ist: eine Frau. Eine Frau mit Organisationsfähigkeiten, mit ausgeprägter Fähigkeit zur Brutalität und ohne sichtliche Reue oder Empathie für die Opfer ihrer Taten.

Und doch zeigt auch und gerade der Fall Zschäpe, dass rechtsextreme Weiblichkeit im öffentlichen Diskurs Möglichkeiten der Exkulpation mit sich führt, die im Jahre 2017 erklärungswürdig sind.

Frauen im NSU-Prozess: Die Exkulpationsstrategie unwissender Gefährtinnen

Dies beginnt bereits mit der erstaunlichen Tatsache, dass die Täterprofile der Strafverfolgungsbehörden weibliche Täterschaft bei rechtsextremen Straftaten häufig per se ausschließen, so auch bei der Suche nach der Jenaer Zelle. Da diese Profile statistisch gebaut werden und die meisten Angehörigen rechtsextremer Gruppierungen – nach Schätzungen rund 80 Prozent – männlich sind,[7] wird das Auffinden weiblicher Täterinnen zur Frage von Zufallstreffern. Wir müssen auch gar nicht auf die vielen Artikel hinweisen, denen Zschäpes sogenannte »Dreierbeziehung« mit ihren Mittätern interessanter schien als ihr Beitrag zu Straftaten. Auch nicht darauf, dass die *taz* den Gerichtssaal als Zschäpes »Catwalk« beschrieb, zahlreiche Berichte den Kleidungsstil der »Terrorbraut« beschrieben, oder darauf, dass ein Kolumnist der *Bild* aus dem Staunen darüber, dass eine Katzen liebende Gärtnerin zu solch Gräueltaten fähig war, gar nicht mehr herauskam. Denn wenngleich die medialen Beschreibungen von Zschäpe besonders in der Frühphase ein Lehrstück stereotyper, sexualisierender Medienarbeit darstellen: Berichterstattung über das vermeintliche Liebesleben und den Bekleidungsstil der wohl gefährlichsten bekannten Terroristin unserer Zeit könnte man mit Sensationslust und der Eigendynamik von Massenmedien, in denen sexistische Stereotypisierungen eben an der Tagesordnung sind, erklären.

Interessanter und auch wichtiger ist hingegen die Tatsache, dass die Exkulpationsstrategie via Geschlecht, wie sie schon Ilse Koch im Buchenwald-Hauptprozess versuchte und wie sie bei zahlreichen Frauen nach 1945 funktionierte, auch im aktuellen NSU-Verfahren eine Rolle spielt. Auf die Gefahr einer solchen Wiederholung wies das Forschungsnetzwerk Frauen und Rechtsextremismus wiederholt hin, erstmals in einem offenen Brief zu Prozessbeginn.[8] Wie recht die Forscherinnen hatten, wurde 2016 deutlich. Zschäpe, die zuvor geschwiegen hatte, versuchte, sich in einer mehrseitigen Einlassung als schwache und abhängige Frau zu stilisieren, die ihrem Mittäter Uwe Böhnhardt in »blinder Liebe« verfallen gewesen sei. Sie stilisierte sich als Mutter der Kompanie, die nicht ein langjähriges Engagement in der extremen Rechten, sondern nur persönliche Loyalität in den Terrorismus geführt und die unter den Taten gelitten habe:

»Sie sei nur aus Liebe und der darauf folgenden emotionalen Abhängigkeit im ›Untergrund‹ geblieben, habe unter dem Wissen um die Morde emotional sehr gelitten. Nur aus Sorge um ihre beiden Kameraden sei sie nicht zur Polizei gegangen. Wie schlecht es ihr gegangen sei, untermalt sie damit, dass sie ihre Katzen vernachlässigt habe.«[9]

Und Zschäpe ist nicht die einzige Frau aus dem NSU-Kontext, die sich so darstellt:

»Bereits vor der Einlassung Zschäpes waren es rechtsextreme Frauen, die als Zeuginnen vor Gericht versuchten, sich auf die Rolle der unwissenden Frau an der Seite politisch aktiver Männer zu inszenieren [...]. Zschäpe treibt es mit ihrer aktuellen Einlassung auf die Spitze: Sie benennt einzig in der rechtsextremen Szene vormals aktive Männer, deren Rolle und Beteiligungen am weiten Netzwerk des NSU aus vorherigen Aussagen bereits bekannt waren, sei es der Kameradschaftsführer Brandt oder ihr eigener Cousin.«[10]

Beate Zschäpes Strategie, sich als desinformierte Mutter der Kompanie, als für Reproduktionsarbeit verantwortliche und somit für die Terrormorde nicht verantwortliche Mitläuferin oder als »Tarnkappe« der Zelle darzustellen, scheint – zumindest bis dato – nicht aufzugehen. Psychiatrische Gutachter sowie zu viele Zeugen widersprechen dieser Darstellung, schildern Zschäpes Autorität, ihre Coolness und den gehobenen Status im rechtsextremen Milieu.

Eine Strategie der Exkulpation zu fahren ist in einem Prozess, in dem es um ihre Freiheit geht, freilich Beate Zschäpes gutes Recht. Dass sie und mit ihr die Verteidigung diese Strategie überhaupt ausprobiert haben, resultiert aber nicht nur aus der Tatsache, dass es sich grundsätzlich anbietet, die Abhängigkeit von einem bereits verstorbenen Mittäter zu postulieren, um eigene Schuld zu schmälern, sondern auch aus einer historisch stabilen und mithin erklärungswürdigen Anschlussfähigkeit der Darstellung weiblicher Passivität in der öffentlichen Betrachtung des Rechtsextremismus.

Anschlussfähige Geschlechterstereotype

Die Anschlussfähigkeit von Geschlechterstereotypen in der Selbst- und Fremdbeschreibung rechter Frauen fußt auf zwei sozialhistorischen Bedingungen.

Erstens dem Übersehen der weiblichen Beiträge für rechte Bewegungen, wie sie zum Beispiel die geringere Zahl an Anklagen gegen Frauen für rechtsextreme Verbrechen belegt. Diese resultiert aus der Selbstbeschreibung der Ideologie einerseits, aus der weit über die rechte Ideologie hinausgehenden Idee der »friedfertigen Frau«[11], die auf die häusliche Sphäre bezogen und mit der Politik nichts zu tun habe, andererseits. Auf die Unsichtbarkeit von Frauen in der Entnazifizierung wie auch in der Forschung zum Nationalsozialismus bis Ende der 1970er-Jahre habe ich bereits hingewiesen.

Doch wie wir eben gesehen haben, spricht auch ein Blick auf den aktuellen NSU-Prozess dafür, dass Frauen als potenzielle Täterinnen weniger ernst genommen werden: Bei der Suche nach der Jenaer Zelle wurde weibliche Täterschaft in den Täterprofilen ausgeschlossen. Zudem wurde außer Beate Zschäpe keine weitere Frau angeklagt, wenngleich eine nicht unwesentliche Zahl von Frauen im NSU-Kontext aktiv und an Straftaten beteiligt gewesen war. Susann E., Ehefrau des Angeklagten André E., wurde nicht angeklagt, obwohl sie sichtlich wichtige Aufgaben für die Jenaer Zelle erledigt hat und Zschäpes engste Vertraute war. Liest man die Protokolle des Prozesses, so ist kaum verständlich, wieso André angeklagt wurde, Susann aber nicht. Es gibt auch weitere »wichtige« Frauen im Kontext des NSU, die bisher nicht angeklagt wurden, wie »White-Power-Mandy«, deren Performance von Nichtwissen bei gleichzeitiger Kenntnis aller Akteure und Organisationsarbeit in Vereinigungen, deren Zweck ihr nicht bekannt gewesen sein will, in dreitägiger Vernehmung vor dem OLG dargelegt wurde.[12]

Zweitens referiert die Übernahme der ideologischen Beschreibung rechtsextremer Weiblichkeit durch die Öffentlichkeit selbstverständlich auf die nationalsozialistische Beschreibung der Frauenrolle. In der Tat: Die nationalsozialistische Ideologie hatte für Frauen wenig mehr vorgesehen als Reproduktionsaufgaben. Es galt, dem Führer arische Kinder zu gebären, Soldaten zu pflegen und den weiblichen Körper gesund zu erhalten (wenngleich die Nationalsozialisten sehr pragmatisch mit der Frauenerwerbsarbeit umgingen, beispielsweise wenn es darum ging, dass zu wenig Menschen für den Reichsarbeitsdienst verfügbar waren). Adolf Hitler beschreibt das Mutterdasein als »höchste Erhebung«: »Es gibt keinen größeren Adel für die Frau, als Mutter der Söhne und der Töchter eines Volkes zu sein« (Adolf Hitler, 1935). Übrigens eine Haltung, die zahlreiche illiberale Regime auf der ganzen Welt teilen und damit keine deutsche Erfindung ist. Wenngleich sich aber moderne rechte Bewegungen des 21. Jahrhunderts sehr unterschiedlich ideologisch begründen und beispielsweise den Einsatz von Gewalt und den Umgang mit Andersdenkenden unterschiedlich bewerten: Alle – angefangen beim Rechtsterrorismus und -extremismus bis zum nationalistischen Rechtspopulismus à la AfD – haben gemeinsam, die völkische beziehungsweise nationale Identität von einer Gemeinschaft durch Abstammung abzuleiten und damit der Mutterschaft (von Frauen aus »ihrem« ethnisch hergeleiteten Kollektiv) eine bedeutende Rolle zuzuweisen. Es ist also ganz plausibel, wenn sich Frauke Petry mit ihrem neugeborenen Baby auf einem Wahlplakat unter der Überschrift »Und was ist Ihr Grund, für Deutschland zu kämpfen?« abbilden ließ. Ein anderes Plakat zeigte einen Schwangerschaftsbauch und wies darauf hin, dass »wir« unsere Babys selbst machen würden. Mutterschaft beziehungsweise die Frage der Reproduktion des Volkes ist also für nationalistische und rechtspopulistische Politiken gleich bedeutsam wie für rechtsextreme und neonazistische Bewegungen. Unterschieden wird im rechten Spektrum dann erst hinsichtlich der Frage, wie mit denen umzugehen sei, deren Blut eine divergente Zusammensetzung beinhalte.

Lebenswelten rechter Frauen

Aber was bedeutet diese ideologische Verortung und Fixierung auf Mutterschaft für die Praxis rechter Frauen, für ihr Leben und ihr politisches Engagement? Es folgt die nicht sehr überraschende soziologische Einsicht: Wie bei jeder Ideologie spielen derlei Regelungswerke der Bewegung für aktuelle Praktiken von Männlichkeit und Weiblichkeit eine untergeordnete Rolle. Menschen – auch mit extremer politischer Gesinnung – leben nicht auf einem speziellen Planeten ohne Irritation. Beispielsweise lehnten die Linken der 1968er-Generation das Patriarchat zwar theoretisch ab, zugleich sind die Erzählungen über den Machismo der Frankfurter Schule und der K-Gruppen legendär. Auch ein Blick auf den Linksterrorismus durch die Gender-Brille macht sichtbar, dass die Geschlechterordnung hier keinesfalls egalitär war und die öffentliche Berichterstattung auch hier Stereotype nutzte. Der Unterschied besteht hauptsächlich darin, dass linke Terroristinnen durch die Strafverfolgung durchaus ernst genommen wurden.[13]

In ähnlicher Weise, wie in den angeblich feministischen und antiautoritären Kontexten der deutschen Linken patriarchale und autoritäre Strukturen fortgeschrieben wurden, finden sich im rechten politischen Spektrum vielfältige und moderne Lebenskonstellationen von Frauen, die vielleicht nicht ideologisch »sauber«, aber praktisch lebbar sind. Es wäre ein Fehler, anzunehmen, dass die Ideologie der Mutterschaft und der passiven Weiblichkeit bedeutet, dass rechte Frauen so ihr Leben leben.

Um etwas von den extremen Beispielen wegzukommen: Die prominenten Politikerinnen der AfD sowie die Debatte über ihr Privatleben sind hierfür ein ganz gutes Beispiel. Frauke Petry, Christin und Abtreibungsgegnerin mit der Forderung, jede deutsche Frau möge vier Kinder gebären, ließ Ehemann und vier Kinder zurück, um mit einem Parteifreund eine neue Familie zu gründen. Sie lebt in einer Patchworkfamilie und hat ihr neugeborenes Kind, wie schon gesagt, auf einem Wahlplakat verewigt. Alice Weidel, Spitzenkandidatin im Wahlkampf 2017, lebt mit einer Partnerin und Kindern in der Schweiz, derweil ihre Partei Freiheiten für homosexuelle Partnerschaften sehr kritisch betrachtet, ganz besonders, wenn Kinder in diesen aufwachsen. Die beiden Beispiele zeigen: Das Private ist in dem Sinne eben nicht politisch, Widersprüche zwischen politischer und privater Praxis stellen die Normalität dar, auch bei recht geschlossenen Weltbildern. Die »Widersprüche« zwischen dem Privatleben und der politischen Haltung der Partei wurden natürlich thematisiert, dies aber vor allem von politischen Gegnern. Innerhalb der AfD wurde das Privatleben von Petry und Weidel, soweit dies an öffentlichen Daten nachvollziehbar war, ausgeklammert und nicht für politische Attacken genutzt.

Und auch in extrem rechten Lebenswelten gibt es Variantenreichtum, wenngleich das Weltbild hier stärkerer Schließung folgt als im durchschnittlichen AfD-Kontext. Die in einer Neonazifamilie aufgewachsene

Heidi Benneckenstein beschreibt in ihrer gerade erschienenen autobiografischen Aussteigergeschichte, dass sie von ihren rechten Eltern zwar einerseits »zum Mädchen« mit klaren ideologisch begründeten Aufgaben erzogen wurde:

»Frauen, die sich vor allem selbst verwirklichen wollten, empfand ich als schwach. Eine wirkliche Frau war für mich nur eine Mutter, die bereit war, für ihre Kinder und ihre Familie zurückzustecken und sich einer größeren und bedeutsameren Aufgabe zu stellen. [...] ›Du bist nichts, dein Volk ist alles.‹ Dem hatte ich nichts hinzuzufügen.«[14]

Im Weiteren beschreibt Benneckenstein, die von sich sagt, dass sie bis zum frühen Erwachsenenalter nur Nazis kannte, das Mitleid, das sie empfand, wenn sie auf der Straße »Karrierefrauen« sah, die sich nicht auf ihre weibliche Rolle einlassen wollten oder durften.

Zum anderen macht ihre lesenswerte Beschreibung auch deutlich, wie die ideologisch begründete submissive Weiblichkeit in der Praxis unter den rechts sozialisierten Jugendlichen immer wieder aufgebrochen wurde. So war beispielsweise Gewalt vielleicht ideologisch, aber nicht praktisch »Männersache«. Benneckenstein schildert die Szene eines Festes, bei dem sie, damals 15 Jahre alt, auf eine Gruppe von Punks losging. Dabei sah sie für sich »als Mädchen« besonders gute Chancen, ohne größere Blessuren davonzukommen:

»Ich war sturzbetrunken, erkannte die Chance, unseren Worten endlich Taten folgen zu lassen, schmiss mich ins Getümmel und fing an, die Punks in die Hacken zu treten. Ich wusste, dass ich mir als Mädchen mehr erlauben konnte, hatte ich doch oft erlebt, dass die meisten Menschen grundsätzlich von einem Versehen ausgehen, wenn sie mit einem aggressiven Mädchen konfrontiert sind, weil sie einfach nicht glauben können, dass eine 15-Jährige ernsthaft Stress will.«[15]

Die Szene entwickelt sich zu einer heftigen Prügelei mit anschließendem Widerstand gegen Polizeibeamte und einer Anzeige wegen Körperverletzung, auf die die 15-jährige Heidi stolz war, während die Eltern ihr, verärgert über den Ärger mit der Polizei, ein Neonazi-Jugendcamp strichen. Das folgende Verfahren wurde eingestellt, aber Benneckenstein schreibt, dass sie aufgrund ihres Alters »Glück gehabt« habe, dass die Szene zu »ihrer Zeit« recht ruhig war. Sie schließt nicht aus, dass sie sich an terroristischen Taten beteiligt hätte, wenn ihr die Chance dazu geboten worden wäre. Benneckensteins Schilderungen sind deshalb so spannend, weil es sich um eine junge Frau handelt, die in einem sehr homogenen rechten Milieu aufgewachsen ist und dies auch zunächst kaum hinterfragte. Und doch scheinen schon in dieser Beschreibung viele Szenen auf, die auf die Brüchigkeit des Zusammenhangs von Ideologie, Geschlecht und Privatleben hinweisen. Dies macht deutlich, dass auch rechte Lebenswelten nicht außerhalb der modernen Gesellschaft stattfinden, nicht einmal in derlei abgeschotteten Milieus.

Das Engagement von Frauen in der rechtsradikalen Szene ist also vielfältig und reicht vom terroristischen Spektrum bis hin zu Hilfeleistungen im häuslichen Bereich. Rechte Frauen beteiligen sich zum Beispiel an Hilfsorganisationen für inhaftierte Gleichgesinnte, schreiben Briefe ins Gefängnis und besuchen NS-Täter, organisieren sich in extrem rechten und rechtspopulistischen Parteien und veranstalten Jugendlager zur ideologischen Erziehung von Jugendlichen aus Neonazifamilien wie der von Heidi Benneckenstein. Manche bloggen über die Frage, ob das Tragen von Jeanshosen problematisch ist, andere versuchen, einen neonazistischen Feminismus zu entwickeln.

Zudem gab es seit 1945 auch ideologisch relevante Frauen in den strategischen Diskussionszusammenhängen der Rechten, wie die Frauen in der Gründerphase der »Stillen Hilfe«.[16] Wie schon der Name sagt, arbeiteten diese Frauen – auch um der Strafverfolgung zu entgehen – häufig dezent, wenngleich nicht weniger überzeugt. Doch auch öffentlichkeitswirksame Auftritte scheuen rechte Frauen nicht. Ursula Haverbeck-Wetzel gründete in den 1960er-Jahren gemeinsam mit ihrem Mann eine »Heimvolkshochschule«, in der esoterische und umweltbewegt-rechte Gedanken ebenso diskutiert wurden wie völkische Ideologien.[17] Auf der Buchmesse 2017 setzte sich Ellen Kositza, Ehefrau von Götz Kubitschek, bei mehreren Aktionen wie auch auf der Bühne in Szene.

Weiblichkeit als Strategie

Anders als zum Beispiel Frauen im RAF-Umfeld sind rechte Frauen-persönlichkeiten in den letzten Jahrzehnten oft weniger bekannt geworden. Dies liegt einerseits sicher an der Nähe des politischen Journalismus der 1960er- und 1970er-Jahre zur linken Bewegung, personalisiert nachvollziehbar beispielsweise über die journalistische Karriere von Ulrike Meinhof und ihre Entwicklung in den Terrorismus hinein. Auch soziale Herkunft mag eine Rolle spielen. So waren die linken Frauen als Frauen aus dem Bürgertum oftmals sichtbarer, als es rechte Frauen in Skinhead-Kontexten oder Kameradschaften sind. Zugleich aber mag die Unsichtbarkeit rechter Frauen auch daraus resultieren, dass viele für sich aus der ideologischen Selbstbeschreibung als Dienerin des Volkes Strategien für die Öffentlichkeitsarbeit ableiten, die auf das Wirken im Privaten abzielen. Dieses verdeckte Wirken aus einer scheinbar ideologisch freien, helfenden Frauenrolle ist seit den 1945er-Jahren im Rahmen der schon angesprochenen »stillen« Hilfe für NS-Verbrecher bekannt. Es setzt sich in den Zeugenaussagen von NSU-Kontakten wie Mandy Struck fort. Im NSU-Prozess wurde auch deutlich, wie sehr die Jenaer Zelle Zschäpes Weiblichkeit zur Tarnung einsetzte: Diese war unter anderem für Außenkontakte zuständig, ergo dafür, die Tarnung der Zelle aufrechtzuerhalten. Auch ein Blick auf die Strategien der NPD seit den 2000er-Jahren macht deutlich, wie sehr hier auf weibliche Mitglieder gesetzt wird, um Anschluss an die Gesamtgesellschaft wahrscheinlicher zu machen.

Während martialische Auftritte qua Parteibeschluss untersagt wurden, entwickelte die mit Parteiverbot bedrohte NPD eine »weiche« Strategie. So wurden NPD-Mitglieder dazu angehalten, sich in Kitas, Kindergärten und Schulen zu engagieren, und es wurden Kinderfeste veranstaltet, bei denen sich die Partei politisch sehr zurückhielt. Auffällig häufig ergriffen rechtsextreme Frauen den Erzieherinnenberuf und agitierten in Kitas und Kindergärten, wie mehrere abgeschlossene und laufende Verfahren zeigen.

Fazit

Die Unsichtbarkeit rechter Frauen in der öffentlichen Wahrnehmung resultiert aus zwei Annahmen: *Erstens:* Weiblichkeit ist nicht aggressiv. *Zweitens:* Rechte Weiblichkeit ist aufgrund ihrer ideologischen Begründung über Mutterschaft als Wiege des Volkes auf den häuslichen Bereich eingeschränkt (und damit nicht politisch). Der Blick auf die Geschichte der Exkulpation und Unsichtbarkeit rechter Frauen macht deutlich, dass es mit der Auflösung binärer Geschlechterbeschreibungen und Geschlechterstereotype nicht so weit her ist, wie wir es oft gern annehmen wollen. Die Unsichtbarkeit rechter Frauen ist ein Ergebnis stereotyper Zuschreibungen passiver und submissiver Weiblichkeit, die eine Entsprechung in der rechtsextremen Ideologie findet, aber nicht die vielfältigen Praxen abbildet, in denen rechte Frauen sich politisch engagieren.

Rechte Frauen profitieren gleichsam vom sexistischen Bild der unterwürfigen, gefühlsgeleiteten und loyalen Gefährtin, gegen das so viel und lange angeschrieben wurde: Sie werden seltener angeklagt, seltener verurteilt und als Gefährdung für andere weniger ernst genommen als ihre männlichen Counterparts. Daraus entstehen persönliche Freiheitsgrade wie auch Strategien für den Untergrund. So hat die deutsche extreme Rechte Strategien erarbeitet, die sowohl im Falle des NSU als auch im Umfeld der NPD und anderer Organisationen Anwendung finden und die Tarnung durch Einsatz weiblicher Kameradinnen in gezielt »weiblichen« Rollen beinhalten. Das Übersehen rechter Frauen führt so dazu, dass rechtsextreme Gruppierungen im Verborgenen agieren können.

Anmerkungen

1 Claudia Koonz: *Mothers in the Fatherland. Women, the Family and Nazi Politics*. New York 1987.

2 Wendy Lower: *Hitler's Furies. German Women in the Nazi Killing Fields*. London 2013, S. 2.

3 Ebd., S. 3.

4 Vgl. Gisela Bock: *Zwangssterilisation im Nationalsozialismus. Studien zur Rassenpolitik und Frauenpolitik*. Opladen 1986.

5 Koonz 1987, S. 387 f., vgl. auch S. 416 f.

6 Christina Thürmer-Rohr: »Aus der Täuschung in der Ent-Täuschung. Zur Mittäterschaft von Frauen«, in: *Beiträge zur feministischen Theorie und Praxis*, Heft 8/1983, S. 11–25.

7 Vgl. Naemi Eifler, Heike Radvan: »Frauen in Gruppierungen der extremen Rechten nach 1989«, in: Amadeu Antonio Stiftung (Hrsg.): *Rechtsextreme Frauen – übersehen und unterschätzt*. Berlin 2014, S. 18–26, hier S. 19.

8 Forschungsnetzwerk Frauen und Rechtsextremismus: Offener Brief zum Prozessbeginn des NSU-Prozesses, online unter: http://www.frauen-und-rechtsextremismus.de/cms/images/medienarbeit/offener-brief-2013-04-12.pdf

9 Forschungsnetzwerk Frauen und Rechtsextremismus: »›Ich habe nichts gemacht, ich war nur in der Küche‹ – zur Einlassung von Zschäpe«. Online unter: https://www.nsu-watch.info/2016/01/ich-habe-nichts-gemacht-ich-war-nur-der-kueche-zur-einlassung-von-zschaepe/ (letzter Aufruf 21.10.2017).

10 Ebd.

11 Margarete Mitscherlich: *Die friedfertige Frau*. Berlin 1985.

12 Vgl. NSU-Watch: Archiv zum NSU-Prozess. Daraus: Protokolle der Aussagen der Zeugin Mandy Struck vom 26./27.02.2014 sowie 10.04.2014, Verhandlungstage 89, 90, 105, 2014, online abrufbar unter: https://www.nsu-watch.info/prozess/zeugen/ (letzter Aufruf 21.10.2017).

13 Irene Bandhauer-Schöffmann, Dirk van Laak (Hrsg.): *Der Linksterrorismus der 1970er-Jahre und die Ordnung der Geschlechter. Giessen Contributions to the Study of Culture, Bd. 9*. Trier 2013; Dominique Grisard: *Gendering Terror. Eine Geschlechtergeschichte des Linksterrorismus in der Schweiz*. Frankfurt am Main 2010.

14 Heidi Benneckenstein: *Ein deutsches Mädchen. Mein Leben in einer Neonazi-Familie*. (E-Book-Ausgabe) Stuttgart 2017.

15 Ebd.

16 Vgl. Heike Radvan, Henrike Voigtländer: »Wie werden (rechtsextreme) Frauen wahrgenommen? Ein Blick in die Geschichte«, in: Amadeu Antonio Stiftung 2014, S. 10–17, hier S. 14 f.

17 Ebd., S. 16.

Widad Nabi
Eine Frau am Spreeufer
Geschichte und Gedichte

Am Spreeufer sitze ich dem alten Berliner Dom gegenüber zwischen drei Frauenstatuen. Rechts von mir steht eine nackte Frau, ihre Hand ruht auf dem Knie, ihre Gesichtszüge sind traurig und einsam, als ob sie eine alte Wunde in sich tragen würde, die sie nicht berühren kann, um sie zu heilen.

Links von mir die zweite nackte Frau, die auf den Fluss vor ihr schaut, als ob er weit weg zu ihrem Land fließt, das sie verloren hat. Sie scheint über den Verlust nachzudenken, und es ist, als würden ihre Marmorlippen einen Vers aus Brechts Gedicht »Gedanken über die Dauer des Exils« vortragen:

»Schlage keinen Nagel in die Wand
Wirf den Rock auf den Stuhl
[…]
Du kehrst morgen zurück.«

Ich denke: Wenn ich an der Stelle dieser Frau wäre, könnte der neue Ort für mich zur Heimat werden? Ist es tatsächlich unmöglich, die Geborgenheit des alten Ortes wiederzugewinnen?

Wenn das so wäre, müssten wir jede neue Möglichkeit, aus den Ruinen aufzuerstehen, von vornherein als Niederlage ansehen. Jeder Ort hat eine Seele, die uns aufnehmen kann, um ein neues Leben zu schaffen und ein Gedächtnis voll Liebe, Angst, Wünschen, Trauer, Weinen und Lachen, als wären wir neu geboren.

Bei einer Lesung im Berliner Literaturhaus fragte eine Zuhörerin, was wir mit unseren Büchern gemacht hätten, als wir unser Land verließen. Die Frage öffnete eine Tür zu alten, unheilbaren Wunden. Ich habe all meine Bücher zurückgelassen. Es war keine große Bibliothek; ich hatte die meisten Bücher in der Pubertät von meinem Taschengeld gekauft, und der Rest waren Geschenke von Freunden, die nun durch den Krieg in alle Winde zerstreut sind.

Ich ließ diese Bücher ebenso hinter mir wie meine Familie, mein Haus und meine Stadt.

Das kleine Boot, das uns ans andere Meeresufer brachte, konnte nicht so viel Gewicht tragen. Niemand weiß hier, dass das Meer keine Bücher mag und auch keine privaten Dinge. Sogar das Bild meines Vaters schluckte das Meer, obwohl es so leicht war.

Als ich in Berlin ankam, wohnte ich sechs Monate lang in einem kleinen, armseligen Zimmer in einem Heim.

Das Zimmer sah aus wie ein Gefängnis, wie die Armenhäuser, aus denen überall Menschen fliehen. Also wollte ich das Zimmer mit Wärme und Geborgenheit füllen. Ich kaufte einige Bücher auf Deutsch, obwohl ich damals noch kein Wort Deutsch verstand. Schon die Titel der Bücher waren für mich rätselhaft, als ob sie ein Geheimnis enthielten. Aber schließlich waren es alle elegante und schöne Bücher. Sie verliehen meinem Zimmer etwas von der Schönheit und Geborgenheit, die mir fehlte.

In den langen einsamen Nächten blickte ich traurig auf das Bücherregal, auf die Bücher, die ich gekauft hatte, ohne ihre Sprache zu verstehen. Sie gaben mir die Ruhe, die ich brauchte, als handelte es sich um alte Freunde. Die Bücher konnten den neuen Ort vertrauter machen und verliehen der Fremde eine menschliche Dimension.

Darum schlendere ich durch Berliner Buchläden. Obwohl ich der deutschen Sprache noch nicht wirklich mächtig bin, gibt mir das Stöbern in den Büchern eine Seelenruhe, die im städtischen Getriebe fehlt.

Meist besuche ich die Uni-Bibliothek Grimm, um Deutsch zu lernen oder arabische Bücher zu lesen. Oft schreibe ich Notizen in mein Heft. Ich sitze zwischen Tausenden von Büchern und fühle mich zu Hause wie eine Katze, die an ihrem gewohnten Platz hockt. Wie viele Male war ich traurig, weil ich meine Ringe auf dem Tisch dort vergaß. Mein Freund sagt zu mir:»Eines Tages wirst du nicht nur die Ringe, sondern auch dein Herz in der Bibliothek verlieren.«

So fand ich mich bei den drei Frauenstatuen wieder. Wir stritten über Brechts Idee, das Exil sei ein neuer Ort, in dem man von Neuem beginnen könne. Zumindest können wir versuchen, uns der Verlustangst nicht hinzugeben, kleine Welten zu erschaffen, die uns die Wärme einer anderen Heimat geben oder uns wenigstens über unsere Verluste trösten.

2

Im vergangenen September ist auf *Spiegel online* ein Artikel von mir erschienen unter dem Titel»Integration ist kein Kleidungsstück, das wir einfach überziehen«. Es gab unterschiedliche Leserreaktionen per E-Mail oder in den sozialen Medien.

Manche waren positiv, andere negativ. Für mich war das Gefühl wichtig, dass ich durch ein literarisches Essay, das diskutiert wurde, zu einer Bewohnerin dieses neuen Landes geworden war.

Das Schreiben kann neue Zugehörigkeiten schaffen, es treibt mich voran und verringert die Gefühle der Nostalgie. Hier oder dort, wo auch immer, kann man schreiben, und es kann ein kleines Zuhause für uns sein und auch für die Leser, vielleicht auch für jene stillen Frauen am Spreeufer. Vielleicht sind sie eine Erinnerung an die »Trümmerfrauen«, die nach dem Krieg aus den Ruinen des Krieges in Deutschland eine neue Welt geschaffen haben.

3

Bei einer Lesung der Heinrich-Böll-Stiftung in Heidelberg fragte mich eine Frau aus dem Publikum, warum in meinen Gedichten so oft die Buche auftaucht. Ich erzählte ihr, dass der türkische Dichter Nâzim Hikmet die Buche in einem Gedicht über seine Sehnsucht nach der Heimat erwähnt. Immer wenn ich eine Buche sehe, erinnere ich mich an das Gedicht von Nâzim Hikmet und an meine Heimat. Die Buche ist ein Andenken an all das, was ich verloren habe.

Als die Lesung zu Ende gegangen war, verließ die junge Frau den Raum, kam zurück und reichte mir ein Buchenblatt, das sie draußen gepflückt hatte. Ich nahm das Blatt und umarmte sie herzlich. Ich spürte, dass die Wärme der Heimat auch in der Liebe von anderen liegt, die wir nicht kennen. Was uns verbindet, sind nur tiefe Gefühle über die Bedeutung des Verlusts.

Ich betrachte die Statue der nackten Frauen rechts von mir und stelle fest, dass jeder neue Ort ein neuer Anfang ist, als ob er eine Heimat wäre oder ein kostbarer Ersatz für das alte Leben.

4

Ich betrachte das Gesicht der Frauenstatue auf meiner linken Seite. Ihr Gesicht ist rein und glatt, faltenlos, als ob sie keinen Schmerz gekannt hätte. Ich bin erst Anfang dreißig, aber unter meinen Augen erscheinen schon kleine Fältchen, und wenn ich lache, sieht man deutlich zwei Linien um meinen Mund. Es sind zarte Falten, die sich vom Lachen mit meinen Freunden in meinem Land gebildet haben. Sie entstanden durch Momente der Liebe und der durchlebten Nächte, durch das Lesen von Büchern, weil ich um die Helden der Romane fürchtete, denen etwas zustieße, falls ich einschlief.

Wir ähneln uns nicht. Das Gesicht dieser Frau ohne Falten hat nicht die gleiche Geschichte wie ich. Morgen oder in dreißig Jahren werde ich neben ihr sitzen, und mein Gesicht wird noch mehr Falten bekommen haben von der Liebe, vom Vergnügen, vom Lachen und Weinen und von der Sehnsucht in diesem Land. Vielleicht wird die Statue der Spree erlauben, einige Spuren auf ihrem Gesicht zu hinterlassen, wenn sie sich mit ihrer Vergangenheit versöhnt.

5

Es ist kurz vor Mitternacht, ich sitze immer noch zwischen den drei Frauen. Die Cafés hinter uns sind geschlossen, die Stühle und Tische draußen sind mit einer Eisenkette befestigt. Meine drei Frauen und ich unterhalten uns über die Liebe, die Heimat und das Exil. Ich frage mich, worüber die leeren Stühle und Tische reden. Sind Cafés nicht letztendlich Häuser der Trauer, über die ich und die drei unbekleideten Frauen lieber nicht sprechen? Diese Frauen, die seit Jahren fest am Ufer des Flusses stehen, scheinen mit diesem Ort und in der Erinnerung tief verwurzelt zu sein. Darin unterscheide ich mich von ihnen. Für mich ist es einfacher geworden, eine Stadt durch eine andere, eine

Liebe durch eine andere und einen Freund durch einen anderen, ein Lieblingslied durch ein anderes, ein gemütliches Café durch ein anderes zu ersetzen – als ob du bei jedem Verlust deine Verbindung mit dem Schoß der Welt durchtrenntest und neu geboren würdest.

Der Computertechniker erzählte mir, alle persönlichen Dateien der letzten fünfzehn Jahre, die sich auf meiner Festplatte befanden, seien gelöscht: Familienfotos, Bilder von Freunden und Orte, in denen ich gelebt habe und die jetzt nach dem Krieg nicht mehr existieren. Von ihnen hatte ich nur diese Fotos. Dazu noch meine alten Texte und Tausende von Online-Büchern, Filme und Lieder. Alles durch einen Fehler des Technikers verdampft, für immer. Das war für mich, als ob jemand die Nabelschnur, die mich mit der Welt verbindet, abgeschnitten hätte. Der Techniker beobachtete mich erschrocken, vielleicht spürte er meinen inneren tiefen Absturz, als ich sah, wie mein Archiv für immer verschwand, wie die Städte, aus denen ich stamme, unter Trümmern versanken.

Ich wollte sofort sterben, um diese Trauer nicht mehr erleben zu müssen. Minuten später verließ ich schnell den Laden, hob den Kopf, und die feinen Schneeflocken bedeckten mein Gesicht und mein Haar, ich atmete tief durch und stellte mir das Leben als einen langen Gang vor. Ich brauchte jetzt genügend Sauerstoff, um einen neuen Versuch zu starten. Ich ging weiter und erreichte die Wohnung meiner Freundin. Wir tranken Rotwein, lachten und redeten über das schlechte Wetter. Ich erzählte ihr kurz und bündig, was mir im Computerladen passiert war, als ob es keine Katastrophe war. Ich lächelte und entdeckte, dass ich alle meine Wurzeln abgeschnitten hatte, die Wurzeln der Liebe, der Freunde und der Dinge, die ich mochte. Ich bin jetzt ein Zweig, der ohne Wurzeln am Himmel hängt. Ich habe keine Wurzeln, um die Erde zu erreichen, und keine hohen Zweige, um die Himmelsdecke zu berühren.

An diesem Punkt erfuhr ich, was es bedeutet, frei zu sein wie eine Schneeflocke, die auf ein zerrüttetes Gesicht fällt, das lächelt, als ob es das Gesicht einer Marmorstatue wäre.

6

Die Statue der dritten Frau, die ich Anna Karenina nannte, schien den Geschichten am Spreeufer zu lauschen. Ich fragte sie, ob sie eine weitere Geschichte hören wollte. Mit ihren angenehmen Gesten schien sie mir zuzustimmen. Ich erzählte ihr, dass ich am Morgen an einem schönen kleinen Handwerksladen in Kreuzberg vorbeigegangen war. Davor saß an einem Holztisch eine gut aussehende Frau, etwa vierzig Jahre alt, in der Hand eine Zigarette, vor sich eine Tasse Milchkaffee. Sie schien ihn noch nicht berührt zu haben. Sie hätte ein Teil des charmanten Berlins sein können, wenn nicht dieser traurige zerstreute Blick gewesen wäre, dieser Blick, den ich gut kenne, der Blick von denen, die ausgeplündert worden sind. Sie war eine ausgeplünderte, *sich selbst abhandengekommene Frau*, als ob die Liebe und das Leben in ihren schönen Augen oft gegeneinander gekämpft hätten. Wie die drei Frauen am Ufer und wie ich.

7

Manchmal finde ich im Bus einen freien Platz. Einmal stieg ich an der Haltestelle Prenzlauer Berg ein. Als ich mich hingesetzt hatte, bemerkte ich auf dem Sitz gegenüber das Bild eines jungen Mannes, der ein schönes, lächelndes Mädchen küsst. Der junge Mann sah asiatisch aus, während die junge Frau, die er küsste, europäisch wirkte.

Das Bild legte nahe, dass sie verliebt waren und sich nicht darum kümmerten, was es auf dieser Welt an ethnischen und religiösen Konflikten gab. Es waren einfach nur zwei Verliebte.

Das erinnerte mich an etwas, was ich online gelesen hatte. Die Rechts-radikalen hatten ein Flüchtlingsheim in Berlin angegriffen und ange-zündet. Ich dachte, wie kann eine Stadt diese Widersprüche in sich vereinigen? Wie kann die Liebe zwei Menschen in einem Bild zusam-menbringen, das von Berliner Augen wahrgenommen wird? Später erzählte ich einer Fremden davon, um diese Geschichte am Abend den drei Frauenstatuen am Spreeufer mitteilen zu können.

8

Gegen ein Uhr nachts verabschiedete ich mich von den drei Frauen am Spreeufer, versprach, ihnen in den kommenden Nächten mehr Ge-schichten zu erzählen, und machte mich auf den Weg nach Hause. Ich musste mit der U-Bahn zweimal umsteigen. An der zweiten Station Lichtenberg, die fast leer war, näherte sich mir ein junger Mann, ent-riss mir meinen Rucksack, der auf der Bank neben mir lag, und rannte weg. Statt zu schreien und ihn zu verfolgen, blieb ich ruhig auf der Bank sitzen. Ich fand keine Erklärung für mein Verhalten, vielleicht war das der Grund, warum der Dieb sich zu mir umdrehte, als er die Treppe erreichte. Niemand bemerkte den Diebstahl, weil der Bahnhof zu dieser Stunde fast menschenleer war. Er wühlte in dem Rucksack nach Geld, und als er nichts fand, stellte er den Rucksack auf die Treppe, rief: »Warum?«, und verließ schnell den Bahnhof. Ich begriff nicht. Meinte er: Warum ist kein Geld in der Tasche?

Tatsächlich waren das Geld und das ausgeschaltete Mobiltelefon bei mir, aber warum hatte ich so reagiert? Darauf hatte ich keine Antwort. Der Rucksack enthielt nur ein Heft, Stifte, eine Parfumflasche J'adore, Salim Barakats Gedichtband, im Original betitelt mit »Die Überset-zung des Basalts«, eine kleine Taschenlampe zum Lesen, einen kleinen Spiegel, einen Kajalstift und roten Lippenstift.

Als ich zu Hause war, stellte ich mir vor, wie die drei Frauen am Spreeufer mich fragen würden: »Warum?«

Ich sagte ihnen und auch mir: »Wenn die großen Diebe, die mein Leben und das Leben von Millionen in dieser Welt geraubt haben, frei und
glücklich leben, warum sollte ich einem kleinen Dieb, der nur meine
kleinen Sachen stehlen wollte, Schaden zufügen?«

Über Dinge wie gebrochene Flügel

1

Niemand stirbt traurig.
Dein Herz schwillt an, steigt hoch wie ein Ballon,
stößt gegen den Schnabel eines schönen Vogels und explodiert,
verblasst wie Sternenstaub im Weltraum.

2

Jedes Mal,
wenn du dich an eine alte Liebe erinnerst,
wächst Lavendel auf deinem Kissen.
Eines Morgens
wirst du in einem Blumenfeld aufwachen.

3

Zwischendurch ändere ich mein Profil durch ein Bild, wo ich lächle,
und erscheine wie eine glückliche Frau,
nicht wie das traurige Land,
aus dem ich stamme.

4

Als ich heute Abend wieder zu Hause war,
dachte ich, dass die Idee von Häusern für solche Rituale entstand.
Der Mensch kehrt heim nach einem langen Tag, zündet eine Kerze an,
kocht eine große Tasse Kaffee,
hört die Musik, die er mag,
öffnet seine E-Mails, um auf die üblichen offiziellen Briefe zu antworten,
es überrascht ihn ein unerwarteter Liebesbrief,
nichts kann das zärtliche Lächeln aufnehmen,
das in einem solchen Moment auf dem menschlichen Gesicht entsteht,
wie es ein Heim bietet.

5

Auf einem Sitz am Bahnhofsgleis
legt ein gut aussehender Mann seinen müden Kopf
auf die Knie einer blonden Frau, schön wie »Helena«.
Sie lächelt ihn an, weil sein Kopf schwer ist, sie streichelt sein Gesicht
mit großer Zärtlichkeit.
Ich würde gern weinen, weil die Schönheit hier so wehtut.
Wir haben eine enorme Menge an Grausamkeit,
die die Tore der Hölle und des Nichts öffnet.

6

Das Schreiben eines Gedichtes ist immer noch,
als ob du dich unter die Räder eines großen Lastwagens wirfst.

7

Diese »Zärtlichkeit«, die aus den grausamsten Dingen entsteht,
kann nicht gedeutet werden, genauso wenig wie die Lyrik.

Liebe stirbt nicht wie ein alter Hund

Es spielt keine Rolle, ob ich so lange lebe
wie eine hundertsiebzehnjährige Japanerin,
oder jetzt sterbe als neunundzwanzigjährige Dichterin.
Wer kümmert sich um die dummen Jahre,
solange die Liebe in meinem Herzen wie ein alter Hund stirbt?
Beide sind faul im Leben.
Sterben ruhig auf einem sauberen Bett
im Alter von siebzig und umgeben von den Kindern und Enkelkindern.
Oder sterben unter den Trümmern eines Hauses durch eine Fassbombe.
Wer interessiert sich für die Accessoires des Todes,
solange die Liebe in meinem Herzen wie ein alter Hund stirbt?
Zwei schwere Übungen für das Altern,
drei Kinder gebären,
ein Haus bauen, um im Garten mit den Nachbarn
einen morgendlichen Kaffee zu trinken.
Oder eine einsame alte Frau im Altersheim.
Trotzdem, wer kümmert sich um die Mühsal,
solange die Liebe in meinem Herzen wie ein alter Hund stirbt?
Es ist unwesentlich,
meinen Namen als Dichterin zu nennen,
die Poesie in einer silbernen Sprache schreibt
oder ihre Gedichte vernachlässigt wie die Dokumente in einem Amt,
die zur Vernichtung freigegeben werden,
solange die Liebe in meinem Herzen wie ein alter Hund stirbt.
Wie an einem Werbeposter unterwegs
werden die Männer ihre Liebe zu mir ankündigen,
als ob ich auf einer überfüllten Autobahn Auto fahre,
ihr Flirten geht an mir vorbei ohne Spuren,
solange die Liebe in meinem Herzen wie ein alter Hund stirbt.
Ich springe voller Freude wie ein kleiner Welpe,
wenn ich höre, dass du bei mir klingelst.

Das allein bewirkt,
dass die Liebe nicht stirbt wie ein alter Hund,
und sie bleibt ein singender Vogel, bis ein Zug ihn überfährt,
der Zug heißt Vergessenheit.

Szenen eines nie vollständigen Glücks

Ich werde aussehen wie eine traurige Frau,
auch wenn ich glückliche Dinge tue.
Mein Blick ändert sich nicht,
der Blick eines Kindes
fiel auf das Pflaster,
als es rannte,
um den Vater zu Hause zu umarmen.
Ein Mädchen bewahrt diese Szene des schmerzhaften Sturzes
und nicht die der Umarmung.

Ich werde aussehen wie eine traurige Frau,
auch wenn ich die glücklichsten Frauen der Welt nachahme,
auch wenn mein Lächeln ein ewiger Regenbogen wäre,
auch wenn ich ein Baum wäre,
dessen Zweige mit den Lungen der Rotkehlchen atmen,
auch wenn mein Herz ein Zuhause für die Glückslibellen wäre.
Die Spur der alten Wunde ist unter meinem Mund,
sie wird bleiben der Mörser für Weizen,
der alles neue Glück zerstößt
mit der Hand der alten Vergangenheit.

Ich werde aussehen wie eine traurige Frau,
ich laufe der Liebe entgegen wie wilde Pferde
und umarme die Küsse mit meinen Händen.
Eine traurige Frau

webt aus dem Nichts
Hoffnungen für ein Haus Zuhause,
gebaut aus einem alten Weinen.

Ich werde aussehen wie eine traurige Frau,
obwohl meine Bilder an der Wand meines Hauses
einer Frau ähneln, die aus einem glücklichen Land stammt,
einer Frau,
aus deren bunter Kleidertasche das Salz der Ägäis tropft,
nach zwanzig Jahren Krieg,
das Salz, das in ihrem Körper wohnt,
seit sie die kleinen Boote des Todes bestieg,
das Salz blieb an ihrem leeren Blick haften,
ein Blick, der alles dem Tod überließ,
um sich zu retten.

Lyrisches

Um mich herum stürzte die Welt ab
wie der Staub eines toten Sterns.
Ermordete, Kriege, Seuchen, Waffen, Konflikte, Zerstörung, das
Ungeheuer Tod,
und ich wende mich von allem ab.
Ich warte auf dich an der Station deines Hauses,
ich verzichte auf meine alten Dinge,
auf die Farbe meiner Haut, auf ihren Geruch,
bevor er dich berührt,
ich öffne die verschlossenen Räume in mir für die Sonne,
die niemand bis jetzt betreten hat,
ich schenke sie dir, wenn du kommst,
und warte auf dich.
Ich bin der Kuss auf deinem Mund in schweren Zeiten,

die unvergessliche Umarmung,
dein Zuhause, wenn die Städte auf den Landkarten verschwinden.
Ich bin der Stern, der mit dir geboren wurde,
der Stern, bei dem du jedes Mal eingeschlafen bist, wenn du sie zähltest,
der Fußreifen am Hals der alten Frauen in deinem Land,
das Buch, von dem du träumst, es zu schreiben.
Ich warte auf dich.
Ich bin die zarte Haut, die unter deiner toten Haut wächst,
der Tau auf dem Gesicht deiner kleinen Tochter,
eine einzige Damentasche in der Station deines Hauses.
Die Welt stürzt ab um mich herum
wie der Staub eines toten Sterns,
und ich warte auf dich wie die einzige Überlebende des ungeheuren
Krieges.

Der Kuss auf deinen Lippen ist mein,
die Umarmung deiner Arme ist für mich,
die Hand, mit der du dich verabschiedest, ist meine,
der Hals, den du umdrehst, ist meiner.
Das Herz, das in mir wie ein Vogel schlägt,
die beiden ermüdeten Augen am Abend sind meine.
Der Duft von Lorbeer auf deinem Körper ist mein,
das Lied auf deinen Lippen ist mein,
alles, was du hast, ist mein,
und ich bin ein Verband
für die Wunde an deinem linken Daumen.

Dreh deinen Hals zu mir,
wenn an dir der Duft einer Frau vorbeigeht,
um meinem Hals deinen Mund zu schenken,
einen feuchten Garten
am Mittag dieses heißen Sommers.

Ich umarme dich
mit deinem einen Arm,
und er duftet nach Lorbeerseife und Weihrauch.
Mit einem Arm kannte ich dich.
Wie oft bist du auf den Boden gefallen,
bis du laufen lerntest?
Wie oft waren deine Füße wund
vom Laufen auf stolperigen Straßen,
bis du dein kleines Dorf verließest?

Dich, du mit einem Arm,
habe ich umarmt.
Ich ließ dich fallen, wie ein erschöpftes Land in mir,
während mein zweiter Arm versuchte,
die Ruinen der Welt einzurichten
mit Gedichten.

Aus dem Arabischen von Suleman Taufiq

Die Autorinnen

Christina von Braun, geb. 1944, ist Professorin i. R. für Kulturwissenschaft an der Humboldt-Universität zu Berlin und Kodirektorin des Zentrums Jüdische Studien Berlin-Brandenburg. Zuletzt erschien *Verschleierte Wirklichkeit. Die Frau, der Islam und der Westen* (zusammen mit Bettina Mathes).

Moshtari Hilal, geb. 1993 in Kabul, hat Islamwissenschaften und Politikwissenschaft in Hamburg studiert. Gemeinsam mit Lukas Birk hat sie den limitierten Kunstband *We Were Drawn Here* herausgegeben. Ihre Arbeiten wurden bereits in Afghanistan, Deutschland, den USA, Kanada, Schweden und im Iran ausgestellt.

Getrud Lehnert, geb. 1956, ist Professorin für Allgemeine und Vergleichende Literaturwissenschaft an der Universität Potsdam. Zuletzt erschien *Ist Mode queer? Neue Perspektiven der Modeforschung* (zusammen mit Maria Weilandt).

Shila Meyer-Behjat, geb. 1982, ist Juristin und Journalistin und seit 2016 Chefredakteurin des *Arte Magazins*. Sie ist Mitgründerin des Onlinemagazins *Goodimpact.org*, moderiert und präsentiert auf Veranstaltungen zu Feminismus, Menschenrechten und der Rolle der Medien.

Widad Nabi, geb. 1985, kam 2015 nach Deutschland und lebt heute als freie Publizistin, Schriftstellerin und Lyrikerin in Berlin. Zuletzt erschienen Gedichte von ihr in dem Band *Die Flügel meines schweren Herzens*.

Karin Reschke, geb. 1940, ist Schriftstellerin und lebt in Berlin. Zuletzt erschien ihr Roman *Kalter Hund*.

Tatjana Schönwälder-Kuntze, geb. 1966, ist apl. Professorin für Philosophie an der Ludwig-Maximilians-Universität München. Zuletzt erschien *Philosophische Methoden zur Einführung.*

Jasmin Siri, geb. 1980, ist Soziologin und zurzeit Fellow am Exzellenzcluster »Kulturelle Grundlagen von Integration« der Universität Konstanz. Zuletzt erschien *Systemtheorie und Gesellschaftskritik. Perspektiven der kritischen Systemtheorie* (zusammen mit Kolja Möller).

Margarete Stokowski, geb. 1986, lebt als freie Autorin und Kolumnistin für *Spiegel online* in Berlin. Zuletzt erschien *Untenrum frei.*

Barbara Thiessen, geb. 1965, ist Professorin für Gendersensible Soziale Arbeit an der Hochschule Landshut. Zuletzt erschien *Mutterschaft: Zwischen (Re-)Naturalisierung und Diskursivierung von Gender und Care* (im Handbuch *Frauen- und Geschlechterforschung*).

Paula-Irene Villa, geb. 1968, ist Professorin für Allgemeine Soziologie und Gender Studies an der Ludwig-Maximilians-Universität München. Zuletzt erschien *Unterscheiden und herrschen. Ein Essay zu den ambivalenten Verflechtungen von Rassismus, Sexismus und Feminismus in der Gegenwart* (zusammen mit Sabine Hark).

Sonja Zekri, geb. 1967, leitet mit Andrian Kreye das Feuilleton der *Süddeutschen Zeitung.* Davor war sie *SZ*-Korrespondentin in Moskau und Kairo.